독송용
우리말 정토삼부경

우리말 정토삼부경

서주 태원 역

운주사

머리말

정토삼부경은 아미타불과 극락세계를 믿고 왕생하여 생사의 윤회에서 벗어나 무생법인을 증득할 것을 고구정녕苦口丁寧하게 설하고 있는『무량수경』,『관무량수경』,『아미타경』을 일컫는 말이다.

예로부터 경전 독송은 부처님이 설하신 내용을 이해하기 위한 방법이 될 뿐만 아니라 그 자체로도 훌륭한 수행법의 하나다. 이 독송은 선대의 많은 선각자들이 행하여 왔고, 오늘날도 많은 불자들이 독송하면서 공덕을 쌓으며 지혜를 밝히고 있다. 이는 정토삼부경의 경우도 마찬가지다. 『관무량수경』에서는 극락세계에 왕생하기 위해서는 세상의 복, 계를 지키는 복, 수행하는 복 등 삼복三福을 갖추어야 한다고 하시면서 대승경전을 독송하라는 말씀이 있다. 그리고 상품상생 왕생자들의 조건으로 대승방등경전 독송을 강조하는 말씀이 나온다.

정토삼부경 독송을 구체적인 수행법의 하나로 체계화시킨 선지식은 당나라 때의 선도대사다. 선도대사는 정토수행자가 마땅히 행해야 할 항목을 독송讀誦, 관찰觀察, 예배禮拜, 칭명稱名, 찬탄讚歎 등 오종정행五種正行으로 정리하면서 경전 독송을 그 첫 번째로 삼아 아미타불 명호를 부르는 것 못지않게 정토 경전의 독송을 권장하였다.

그렇다면 우리 불자들이 정토삼부경을 독송해야 하는 이유는 어디에 있을까? 정토삼부경은 이 세계가 어떤 세계인지, 즉 수행하기 좋은 공간인지를 분석하였으며, 아미타불께서 시방의 중생들을 두루 구제하시기 위해 어떤 과정을 거쳐 부처가 되셨는지, 그리고 그분이 건립한 서방극락은 어떤 세계인지, 왜 중생들은 극락세계에 왕생해야 하는지에 대해 매우 자세하고 분명하게 설하고 있다. 또한 극락세계에 왕생하려면 무엇을 해야 하는지에 대해서도 상세하게 설명하고 있다. 한마디로 아미타불과 극락, 그리고 왕생에 대한 모든 것이 석가모니 부처님의 금구로 설해져 있는 경전이 정토삼부경이라 할 수 있다.

따라서 정토삼부경을 독송함으로써 아미타불과 극락정토에 대해 올바르고 자세하게 이해할 수 있는 정견正見이 열리며, 또한 경건한 마음으로 거듭 독송함으로써 그 자체가 훌륭한 수행이 될 뿐만 아니라 정토에 대한 믿음과 발원이 더욱 굳건해져 염불에 몰두할 수 있을 것이라 확신한다.

필자는 일전에 정토사상을 조금이라도 선양하고자 하는 마음에서 정토삼부경을 번역하고 해설을 달아 『정토삼부경 역해』를 펴낸 바 있다. 그런데 이번에 한글로 된 독송용 정토삼부경을 다시 펴내게 된 이유는 독송하는 데 편리를 도모하기 위해서다. 이는 정토삼부경을 단지 이론적, 교학적으로만 이해하는 데서 한걸음 더 나아가 경전 독송을 통하여 참으로 아미타불과 정토를 깊이 믿고 정토왕생을 발원하는 불자들이 더욱 많아지기를 바라는 마음에서이다.

끝으로 정토삼부경의 우리말 번역문을 독송용으로 다시 편집하여 출간하느라 수고한 도서출판 운주사 식구들에게 감사의 인사를 전한다.

2016년 6월
법보종찰 해인사 염불암 백련실에서
西舟 太元 識

독송용 | 우리말 정토삼부경

불설무량수경

제1편 서설

이와 같이 내가 들었다.

어느 때 부처님께서는 왕사성의 기사굴산에 덕망 높은 비구 일만 이천 인과 함께 계시었다. 그들은 이미 신통과 지혜를 통달한 대성인으로 그 이름은 요본제존자, 정원존자, 정어존자, 대호존자, 인현존자, 이구존자, 명문존자, 선실존자, 구족존자, 우왕존자, 우루빈라가섭존자, 가야가섭존자, 나제가섭존자, 마하가섭존자, 사리불존자, 대목건련존자, 겁빈나존자, 대주존자, 대정지존자, 마하주나존자, 만원자존자, 이장존자, 유관존자, 견복존자, 면왕존자, 이승존자, 인성존자, 가락존자, 선래존자, 나운존자, 아난존자 등이 중심이 되는 제자들이었다.

또한 대승의 여러 보살들도 함께 계시었는데 보현보살, 묘덕보살, 자씨보살 등 이 현겁의 모든 보살도 함께 계시었고, 또 현호보살 등 열여섯 보살이 계시었다. 선사의보살, 신혜보살, 공무보살, 신통화보살, 광영보살, 혜상보살, 지당보살, 적근보살, 원혜보살, 향상보살, 보영보살, 중주보살, 제행보살, 해탈보살 등 모두가 보현보살의 덕을 따르는 이들이었다.

　　모든 보살은 한량없는 수행과 서원을 갖추어 모든 공덕의 법에 머물러 시방세계에 다니면서 방편을 행하여, 불법의 품안에 들어와 피안을 궁구하고 한량없는 세계에서 등각을 성취한 것을 나타내시었다. 등각을 성취한 인연을 밝히면, 도솔천에 계시면서 정법을 널리 베푸시다가 저 하늘의 궁전을 버리고 영혼이 어머니 태속에 강림하시어 오른쪽 옆구리로 탄생하시고, 사방으로 일곱 걸음을 걸으실 때 광명이 찬란하게 널리 시방세계를 비추니 한량없는 불국토가 여섯 가지로 진동하였다. 그때 스스로 소리를 높여 "나는 반드시 세상에서 위없는 성인이 되리라"고 외치시니 하늘의 제석천과 범천이 받들어 모시고 천인들이 귀의하여 우러러 받들었다. 장성함에 따라 산수, 문예, 활 쏘는 법을 배우고, 도술을 배우며, 모든 학문에 통달하셨다. 또 왕궁 뒤 정원에서 무술을 수련하며 예술을 배우시고 궁중에서 부인을 얻어 사는 것을 보이셨다.

누구나 늙고, 병들고, 죽는 것을 보고 세상의 무상함을 깨달아 나라와 재산을 버리고 산에 들어가 도를 배우기로 하고, 타고 온 백

마와 입고 온 옷과 보배로운 관과 영락 등은 모두 되돌려 보냈다. 즉 보배로운 옷을 버리고 법복을 입고 머리를 깎고 나무 아래 단정히 앉아 고통을 참으며 육 년 동안의 법다운 고행을 하셨다.

오탁세계에 나타나셔서 중생의 그릇에 따라 더러운 때가 있는 것을 보이시며 시냇물에 목욕하고 천인이 드리운 나뭇가지를 잡고 강 언덕에 오르니 아름다운 새들이 도량(보리수 아래)에까지 따라왔다. 길상동자가 길상초를 바치니 불쌍히 여겨 보시한 풀을 받아 보리수 밑에 깔고 가부좌를 하신 후 대광명을 놓으니 마왕이 이를 알고 권속을 거느리고 와서 핍박하고 시험하였다. 그러나 지혜의 힘으로 모두 항복시키고 깊고 미묘한 법을 얻고 부처님이 되셨다.

제석천과 범천이 와서 법륜을 굴리기를 청하니 부처님은 모든 곳을 다니시면서 사자후의 법을 설하셨다. 법의 북을 치고, 법라를 불고, 법의 칼을 휘두르고, 법의 깃발을 세우고, 법의 우레를 떨치고, 법의 번개를 번뜩이고, 법의 비를 내리고, 법을 베푸는 등 항상 법음으로 모든 세계를 깨닫게 하셨다. 광명은 널리 한량없는 세계를 비추니 모든 세계가 여섯 가지로 진동하며 모든 마군의 세계에 미쳐 마군의 궁전이 움직이니, 모든 마군이 두려워하여 복종하지 않을 수 없었다. 삿된 그물을 찢어 없애고 나쁜 생각을 소멸하여 모든 번뇌의 티끌을 털어 버리고, 모든 탐욕의 구덩이를 무너뜨려 법의 성을 엄중히 보호하여 법문을 여셨다. 더러움을 씻어 깨끗하게 하고 빛나는 불법으로 바른 교화를

베푸셨다. 그리하여 여러 나라에 들어가서
걸식하실 때 여러 가지 풍요로운 공양을 받으
시어 그들이 공덕을 쌓아 복을 받도록 하시
며, 법을 베풀고자 하실 때는 인자한 미소를
나투시어 모든 법의 약으로 삼고를 치료하여
구제하셨다. 한량없는 도의 공덕을 나투시고
보살에게는 수기를 주어 장차 성불하게 하셨
다. 또 멸도를 나투어 보이시나 중생을 제도
하시는 것은 멈추지 않으시고, 모든 번뇌를
소멸시켜 모든 덕의 근본을 심게 하신 구족한
공덕은 미묘하여 헤아리기 어렵다.

　모든 불국토에 다니시면서 두루 진리를 보
이시나 그 닦으신 행은 청정해서 더럽혀지지
않는다. 비유하면 환술사가 여러 가지 다른
형상으로 나타남에 남자가 되기도 하고 여자
가 되기도 하여 변하지 못하는 것이 없는 것

은, 본학이 명료해 자유자재로 함과 같다. 이 모든 보살도 이와 같이 모든 법을 배워 통달하여 머무르는 곳이 평온하고, 무수한 불국토에 모두 널리 나투어 교화하되 교만하고 방자하지 않았으며 중생들을 가엾고 불쌍히 여기셨다. 보살은 이와 같은 법을 모두 구족하셨다.

이리하여 보살은 대승경전의 깊고 오묘한 뜻을 궁구하여 이해하니 그의 이름은 널리 알려지고, 시방세계의 중생을 인도하여 제도하시니 한량없는 모든 부처님이 이 보살을 보호하여 주신다. 또 보살은 부처님이 갖고 계신 것을 모두 갖추고, 부처님이 행한 것을 모두 행하며, 부처님의 교화를 능히 선양하여 다른 모든 보살을 위해 큰 스승이 되고, 깊은 선정과 지혜로써 중생을 인도하여 모든 법의 체성을 통달하여 중생의 사정을 잘 알 뿐 아니라 모든 국토의 형세를 분명히 알고 계신다.

그리고 모든 부처님을 공양하실 때 그 몸을 나투기를 번개와 같이 하고, 능히 두려움이 없는 일체 지혜를 배워서 인연의 법을 깨달아 마군의 그물을 찢어 무너뜨리고 모든 번뇌의 속박을 풀어 성문, 연각의 지위를 넘어서 공, 무상, 무원삼매를 성취하셔서 능히 방편을 세워 대상의 근기에 따라 성문, 연각, 보살 등 삼승의 법을 보이시고, 이 성문, 연각의 경계에 따라 멸도를 보이신다. 그러나 보살은 본래 수행한 바도 없고, 얻은 바도 없으며, 생기지도 않고, 멸하지도 않는 평등의 진리를 얻을 뿐만 아니라, 한량없는 신통 지혜와 백천 가지 삼매와 중생의 근기를 다 아는 지혜를 구족하여 성취하시고, 넓고 두루 하는 선정으로 깊은 보살의 법에 머물러 부처님의 화엄삼매를 얻어 모든 경전을 선양하고 연설하신다.

깊은 선정에 머물러 현재의 한량없는 모든 부처님을 친견함이 다만 한 생각 사이에 두루하지 않음이 없으시다. 삼악도 중생의 여러 가지 고통과 수행할 틈이 있는 이나 틈이 없는 이의 근기에 따라 구제하여 진실한 도리를 분별하여 보이시는 부처님의 여러 가지 지혜를 얻는다.

보살은 모든 언어에 통달하여 모든 중생을 제도하며, 세간의 모든 법을 초월하고, 마음은 항상 진리에 안주하여 일체 만사에 자유자재하며, 모든 중생을 위하여 청하지 않아도 진실한 벗이 되어 중생을 제도할 의무를 짊어지신다. 그래서 부처님의 깊고 깊은 법을 받아 실천하며, 중생이 부처님이 될 종자를 보호하여 항상 끊어지지 않게 하신다. 큰 자비심을 일으켜 중생을 불쌍히 생각하며, 자비한 변재로 법의 눈을 뜨게 하며, 삼악도의 길을 막고, 좋은 문을 열어 주며, 중생이 법을 청하지 않아도 불법으로 모든 중생에게 베푸시는 것이 지극한 효자가 부모를 사랑하고 공경하는 것과 같다.

모든 중생 보기를 자기와 같이 하고, 모든 선근을 심어 피안에 이르게 하신다. 이렇듯 모든 부처님은 무량공덕을 갖추어 지혜는 거룩하고 밝아 이루 헤아릴 수 없다. 이와 같이 헤아릴 수 없는 보살들이 일시에 와서 모였다.

그때 부처님께서는 온몸에 기쁨이 넘치고

기색은 청정하시며 얼굴의 모습은 거룩하고 엄숙하셨다. 아난존자는 부처님의 성스러운 뜻을 알고 곧 자리에서 일어나 오른쪽 어깨를 벗고 무릎을 꿇고 합장하여 부처님께 여쭈었다.

"오늘 부처님께서는 온몸에 기쁨이 넘치고 기색은 청정하시며 얼굴의 모습은 거룩하고 엄숙하심이 마치 밝고 깨끗한 거울 앞의 모든 것을 비춤과 같고, 얼굴의 빛이 뛰어남이 한량없사온데 저는 일찍이 지금과 같이 수승하고 묘한 것을 뵈온 적이 없사옵니다.

부처님이시여, 저의 마음으로 생각하옵건대 오늘 부처님은 위없는 법에 머무르시고, 오늘 부처님은 모든 부처님의 경계에 머무르시고, 오늘 부처님은 사람들을 인도한 행에 머무르시고, 오늘 부처님은 가장 수승한 도에 머무르시고, 오늘 부처님은 부처님의 덕을 행하십니다. 과거, 현재, 미래의 부처님은 부처님과 부처님이 서로 통하시어 중생을 제도하시는데 오늘 부처님께서도 그러하시는지요? 왜냐하면 부처님께선 위엄이 넘치고 신비스런 광명이 빛나고 있기 때문입니다."

이에 부처님께서 아난에게 말씀하시기를,

"어찌된 연유인가, 아난아. 모든 천신들이 너에게 가르쳐서 묻는 것이냐, 아니면 스스로 너의 지혜로 나의 장엄한 기색을 묻는 것이냐?"

아난이 부처님께 아뢰었다.

"모든 천신이 와서 저에게 가르쳐 준 것이 아니고 저 스스로 소견을 가지고 이 뜻을 여쭐 뿐입니다."

부처님께서 말씀하시기를,

"착하다, 아난아. 참으로 기특한 질문이다. 깊은 지혜를 내고 묘한 변재로 중생을 불쌍히 여겨 이 지혜로운 질문을 하는구나. 부처님은 끝없는 대자비로 욕계, 색계, 무색계를 가엾게 여기는 까닭에 세상에 출현해서 광명의 진리를 널리 펴서 중생을 건지고 진실한 이익을 베풀고자 하신다. 한량없는 세월에도 부처님을 뵙기 어렵고 만나기 어려움이 마치 우담발화가 피는 것과 같다. 이제 묻는 것은 모든 천상과 중생들을 크게 이익 되게 할 것이며, 길을 열어 교화할 것이다. 아난아, 반드시 알아라. 여래의 정각은 그 지혜를 헤아릴 수 없고 중생을 제도함이 많으며, 걸림 없는 신통지혜는 능히 막아 끊을 수 없느니라. 한 끼니의 밥으로 백억천 겁의 한량없는 수명을 머물게 한다. 그리고 온몸이 기쁨에 넘쳐서 훼손되지 않으며, 모습의 빛은 변하지 않고 빛나는 얼굴은 다르게 변하지 않나니, 그 까닭은 여래는 선정과 지혜가 지극하여 다함이 없고 일체 법에 자유자재함을 얻었기 때문이다. 아난아, 명심하여 들어라. 이제 그대를 위하여 설하리라."

아난이 대답해 여쭈었다.

"그러하옵니다. 듣기를 원하옵니다."

제2편 본론

제1장 48원을 세운 인연

제1절 과거 53불

부처님께서 아난존자에게 말씀하시기를,

"일찍이 헤아릴 수 없는 과거 아득히 먼 옛

날에 정광여래가 출현하셔서서 한량없는 중생을 교화하고 제도하시어 모두 도를 얻게 하시고 열반에 드셨다. 그리고 그 다음을 이어서 부처님이 계셨는데 그 이름은 광원불, 월광불, 전단향불, 선산왕불, 수미천관불, 수미등요불, 월색불, 정념불, 이구불, 무착불, 용천불, 야광불, 안면정불, 부동지불, 유리묘화불, 유리금색불, 금장불, 염광불, 염근불, 지동불, 월상불, 일음불, 해탈화불, 장엄광명불, 해각신통불, 수광불, 대향불, 이진구불, 사염의불, 보염불, 묘정불, 용립불, 공덕지혜불, 폐일월광불, 일월유리광불, 무상유리광불, 최상수불, 보리화불, 월명불, 일광불, 화색왕불, 수월광불, 제치명불, 도개행불, 정신불, 선숙불, 위신불, 법혜불, 난음불, 사자음불, 용음불, 처세불 등이신데, 이와 같은 모든 부처님들이 이미 지나가셨다.

　그 다음에 부처님이 계셨는데 세자재왕여래, 응공, 등정각, 명행족, 선서, 세간해, 무상사, 조어장부, 천인사, 불, 세존이라 한다.

제2절 법장비구의 발심

그 무렵 국왕이 있었는데, 부처님의 설법을 듣고는 마음에 기쁨을 품고 바로 위없는 바르고 참된 도의 뜻을 내어 나라와 왕위를 버리고 출가하여 사문이 되어 법장이라 했다. 그의 재주와 용맹은 세상에서 뛰어났다. 세자재왕 부처님 처소에 가서 부처님 발에 머리를 조아리고 오른쪽으로 세 번 돌고 나서 무릎을 꿇고 합장하여 노래로써 부처님의 공덕을 찬탄하였다."

빛나신 상호 우뚝하시고
위엄과 신통 그지없으니
이처럼 밝고 빛나는 광명
뉘라서 감히 따르리이까.

햇빛과 달빛 여의주 빛
맑은 진주 빛 눈부시지만
여기에 온통 가리어져서
검은 먹덩이 되고 맙니다.

여래의 상호 뛰어나시사
이 세상에는 짝할 이 없고
바르게 깨달은 이의 크신 소리
시방세계에 두루 들리네.

청정한 계율 다문과 정진

삼매의 큰 힘 지혜의 맑음
거룩한 위덕 짝할 이 없어
수승한 거동 처음 뵈옵네.

여러 부처님의 많은 법을
자세히 보고 깊이 생각해
끝까지 알고 속까지 뚫어
바닥과 주위에 두루 비치네.

캄캄한 무명, 탐욕과 분심
우리 부처님 다 끊으시니
사자와 같이 영험한 어른
거룩한 도덕 어떠하신가.

크신 도덕과 넓은 공덕
밝은 지혜 깊고 묘하여

끝없는 광명 거룩한 상호
대천세계에 널리 떨치시네.

원컨대 나도 부처님 되어
거룩한 공덕 저 법왕처럼
끝없는 생사 모두 건지고
온갖 번뇌에서 벗어지이다.

보시를 닦아 뜻을 고르고
계행을 지니어 분한 일 참아
멀고 아득한 길 가고 또 가고
이러한 삼매 지혜가 으뜸일세.

나도 맹세코 부처님 되어
이러한 원을 모두 행하고
두려움 많은 중생 위하여

의지할 자리 되어지고져.

저곳에 계신 여러 부처님
백인가, 천인가, 몇 억만인가.
그 수효 이루 다 셀 수 없어
항하의 모래보다 많을지라도

저렇듯 많은 부처님들을
받들어 섬겨 공양한다 해도
보리의 도를 굳게 구하여
물러서지 않는 것만 못하리.

항하의 모래 수효와 같이
많고 많은 부처님 세계
그보다 더 많아 셀 수도 없는
그처럼 많은 세계 국토를

부처님 광명 널리 비치어
모든 국토에 두루하거늘
이러한 정진과 신통을
무슨 지혜로 세어 볼 것인가.

만약에 내가 부처님이 되면
그 국토 장엄 으뜸가게 하리
중생들은 모두 훌륭하게 되고
도량은 가장 뛰어나게 되리.

이 나라 땅은 그지없이 고요해
세상에 다시 짝이 없거늘
온갖 중생들 가엾이 여겨
내가 마땅히 제도하리라.

시방세계에서 오는 중생들

마음 즐겁고 청정하여서
이 나라에 와서 나게 되면
즐겁고 또한 편안하리라.

원컨대 부처님 굽어 살피사
저의 이 뜻을 증명하소서.
저 국토에서 원력을 세워
하려는 일들을 힘써 하리라.

시방세계에 계신 부처님들
밝으신 지혜 걸림 없으시니
저의 마음과 저의 수행을
부처님들께서 살펴 주옵소서.

이 몸이 만약 어떻게 하다
고난의 경계에 들어간다 한들

제가 행하는 이 정진을
참지 못하면 후회하리라.

부처님께서 아난에게 말씀하시기를,
"법장비구는 게송으로 찬탄해 마치고 세자
재왕 부처님께 사뢰어 여쭙기를 '그러하옵니
다. 세존이시여! 저는 위없는 정각의 마음을
일으켰습니다. 원컨대 부처님께서는 저를 위
해 경법을 말씀하여 주십시오. 저는 마땅히
수행해서 청정한 불국토와 장엄이 한량없는
묘한 국토를 건설하겠사오니 저로 하여금 금
생에 빨리 정각을 이루어 모든 생사의 고통의
근원을 없애게 하여 주옵소서.'라고 하였다."
부처님께서 아난에게 말씀하시기를,
"그때 세자재왕 부처님께서 법장비구에게
말씀하셨다. '그대가 수행하고자 하는 바와

불국토를 장엄한 일은 그대 스스로 마땅히 알고 있는가?'

법장비구가 부처님께 사뢰었다. '이 뜻은 넓고 깊어 제가 알 수 있는 경계가 아니옵니다. 원하옵건대 세존이시여, 널리 모든 부처님들이 정토를 이룩한 수행을 자세히 말씀하여 주십시오. 저는 그것을 듣고 나서 마땅히 말씀하신 바와 같이 수행해서 소원을 원만히 이루겠습니다.' 그때 세자재왕 부처님은 그 뜻이 고결하며 소원이 심오하고 광대함을 아시고 곧 법장비구를 위하여 법을 설하시기를 '비유컨대 큰 바닷물이 아무리 깊더라도 한 사람이 되로 퍼서 헤아리기를 한량없는 세월을 지나면 바닥이 드러나 그 묘한 보배를 얻을 수 있듯이, 사람이 지극한 마음으로 도를 구하는 데 쉬지 않으면 마땅히 이루는 것이

니, 어떤 소원인들 얻지 못하겠는가?'라고 하
시고, 이에 세자재왕 부처님께서는 곧 법장
비구를 위하여 이백십억의 여러 불국토와 천
인의 선과 악, 국토가 거칠고 묘함을 말씀하
시어 법장비구의 마음에 원하는 대로 낱낱이
모두 나타내 보여주셨다.

그때 법장비구는 부처님이 말씀하신 엄숙
하고 깨끗한 국토를 모두 다 듣고 보고 나서
가장 뛰어나고 수승한 원을 세웠느니라. 그
의 마음은 고요하고 맑을 뿐 아니라 뜻은 집
착하는 바가 없으니, 일체 세간의 누구도 미
치지 못하였다. 그리하여 5겁 동안 구족해서
불국토를 장엄하고 청정하게 할 행을 생각해
서 선택하셨다."

아난이 부처님께 여쭈었다.

"저 세자재왕 부처님의 수명은 얼마나 되

나이까?”

부처님께서 말씀하시기를,

“그 부처님(세자재왕)의 수명은 42겁이 된다. 그때 법장비구는 이백십억 불국토의 청정한 행을 선택하셨다.

이와 같이 수행하고 나서 저 부처님(세자재왕)의 처소에 나아가 머리를 조아려 부처님의 발에 절하고 부처님을 세 번 돌고 합장하여 부처님께 사뢰었다.

‘세존이시여, 저는 이미 불국토를 장엄할 청정한 행을 선택하였습니다.’

세자재왕 부처님께서 법장비구에게 이르셨다.

‘그대는 지금 생각하는 바를 모든 대중들에게 알려서 보리심을 일으켜 기쁘게 할 때이다. 보살들은 듣고 나서 이 법에 의해 수행

해서 한량없는 큰 원을 원만히 성취하는 데에 이를 것이다.'

법장비구가 부처님께 사뢰기를,

'꼭 들어 주십시오. 제가 원한 바를 자세히 아뢰어 말씀드리겠습니다.'

만약에 제가 부처가 되어서도 그 나라에 지옥, 아귀, 축생이 있다면 저는 부처가 되지 않겠습니다.

만약 제가 부처가 되어서도 그 나라의 중생들이 수명이 다한 뒤에 다시 삼악도에 떨어진다면 저는 부처가 되지 않겠습니다.

만약 제가 부처가 되어서도 그 나라 중생들이 진금색이 되지 않으면 저는 부처가 되지 않겠습니다.

만약 제가 부처가 되어서도 그 나라 중생들의 모양이 같지 않아 잘나고 못난이가 있다면 저는 부처가 되지 않겠습니다.

만약 제가 부처가 되어서도 그 나라 중생들이 숙명통을 얻지 못해 천백억 나유타의 옛 일을 알지 못한다면 저는 부처가 되지 않겠습니다.

만약 제가 부처가 되어서도 그 나라 중생들이 천안통을 얻지 못해 백천 나유타 모든 세계를 볼 수 없다면 저는 부처가 되지 않겠습니다.

만약 제가 부처가 되어서도 그 나라 중생들이 천이통을 얻지 못해 백천 나유타의 여러 부처님들이 말씀하신 바를 모두 듣고 지니고 실천할 수 없다면 저는 부처가 되지 않겠습니다.

만약 제가 부처가 되어서도 그 나라의 중생들이 타심통을 얻지 못해 백천억 나유타 모든 부처님 국토의 중생들의 마음을 알지 못한다면 저는 부처가 되지 않겠습니다.

만약 제가 부처가 되어서도 그 나라 중생들이 신족통을 얻지 못해 일념 사이에 백천억 나유타의 모든 불국토를 지나가지 못한다면 저는 부처가 되지 않겠습니다.

만약 제가 부처가 되어서도 그 나라 중생들이 자신의 몸에 집착하는 생각을 낸다면 저는 부처가 되지 않겠습니다.

만약 제가 부처가 되어서도 그 나라 중생들이 정정취에 머물지 못해 열반에 이르지 못한다면 저는 부처가 되지 않겠습니다.

만약 제가 부처가 되어서도 한없는 광명으로 백천 나유타의 모든 불국토를 비출 수 없다면 저는 부처가 되지 않겠습니다.

만약 제가 부처가 되어서도 수명에 한계가

있어 백천억 나유타 겁에 이른다면 저는 부처가 되지 않겠습니다.

만약 제가 부처가 되어서도 그 나라 성문들의 수효에 한량이 있어서 삼천대천세계의 성문, 연각들이 백천 겁 동안 세어서 그 수효를 알 수 있다면 저는 부처가 되지 않겠습니다.

만약 제가 부처가 된다면 그 나라 중생들의 수명이 능히 한량이 없되, 다만 중생을 제도하기 위한 서원에 따라 수명을 길거나 짧게 자유로이 함은 제외합니다. 만약 이렇게 되지 않는다면 저는 부처가 되지 않겠습니다.

만약 제가 부처가 되어서도 그 나라의 중생들이 나쁜 이름을 듣는다면 저는 부처가 되지 않겠습니다.

만약 제가 부처가 되어서도 시방세계에 헤아릴 수 없는 모든 부처님들이 저의 이름을 찬탄하지 않는다면 저는 부처가 되지 않겠습니다.

만약 제가 부처가 되어서도 시방의 중생들이 지극한 마음으로 믿고 원해 저의 나라에 태어나고자 내지 십념을 해도 태어날 수 없다면 저는 부처가 되지 않겠습니다. 오직 오역죄를 지은 이나 정법을 비방하는 사람들은 제외합니다.

만약 제가 부처가 되어서도 시방세계 중생이 보리심을 일으켜서 모든 공덕을 닦고, 지극한 마음으로 발원해서 임종 시에 저의 국토에 태어나고자 원할 때, 대중에게 둘러싸여 그 사람 앞에 나타나지 못한다면 저는 부처가 되지 않겠습니다.

만약 제가 부처가 되어서도 시방세계 중생들이 저의 이름을 듣고 저의 국토를 생각하며 모든 공덕의 근본을 심고, 지극한 마음으로 회향해서 저의 국토에 태어나려고 하나 성취하지 못한다면 저는 부처가 되지 않겠습니다.

만약 제가 부처가 되어서도 그 나라 중생들이 다 32상을 원만히 이루지 못한다면 저는 부처가 되지 않겠습니다.

만약 제가 부처가 되어서도 다른 불국토의 모든 보살들이 저의 국토에 태어나면 반드시 일생보처에 이르게 될 것입니다. 그들이 서원을 따라 자유로이 변하여 중생을 위해서 큰 서원을 세워 공덕을 쌓아 모든 중생을 제도하고, 모든 불국토에 다니면서 보살의 행을 닦으며, 시방세계의 모든 부처님께 공양하고, 항하의 모래와 같이 무량한 중생을 제도하며 위없이 바르고 참된 도를 세우게 하려는 이를 제외합니다. 차례 차례의 모든 지위의 행을 초월해 바로 보현보살의 덕을 닦게 할 것입니다. 만약 그렇게 하지 못한다면 저는 부처가 되지 않겠습니다.

만약 제가 부처가 되어서도 그 나라 보살들이 부처님의 신통력을 입고 모든 부처님께 한 끼의 공양을 올리는 사이에 두루 헤아릴 수 없는 나유타의 모든 불국토에 이를 수 없다면 저는 부처가 되지 않겠습니다.

만약 제가 부처가 되어서도 그 나라 보살들이 모든 부처님 앞에서 그 공덕의 근본을 나타내기를 원함에 요구하는 공양물을 뜻대로 갖추지 못한다면 저는 부처가 되지 않겠습니다.

만약 제가 부처가 되어서도 그 나라 보살들이 모든 지혜를 연설할 수 없다면 저는 부처가 되지 않겠습니다.

만약 제가 부처가 되어서도 그 나라 보살들이 금강역사와 같은 나라연신을 얻지 못한다면 저는 부처가 되지 않겠습니다.

만약 제가 부처가 된다면 그 나라 중생들과 모든 물건은 맑고 찬란하게 빛나고 빼어나며, 지극히 미묘함을 궁구하여 능히 다 헤아릴 수 없으리니, 그것을 모든 중생이나 천안통을 얻은 이가 능히 명료하게 그 이름과 수효를 알 수 있을 것 같으면 저는 부처가 되지 않겠습니다.

만약 제가 부처가 되어서도 그 나라 보살들을 비롯하여 공덕이 아무리 적은 이들이라도 그 도량의 나무가 한없이 빛나고 높이가 4백만 리나 됨을 알지 못하고 보지 못한다면 저는 부처가 되지 않겠습니다.

만약 제가 부처가 되어서도 그 나라 보살들이 경과 법을 받아 읽고 외우며 내용을 설명하는 변재지혜를 얻지 못한다면 저는 부처가 되지 않겠습니다.

만약 제가 부처가 되어서도 그 나라 보살들의 지혜와 변재가 한량이 있다면 저는 부처가 되지 않겠습니다.

만약 제가 부처가 된다면 그 불국토는 한없이 청정하여 가히 생각할 수 없는 시방세계의 모든 부처님 세계를 다 비춰 보는 것이 밝은 거울로 얼굴을 비춰 보는 것과 같게 하겠습니다. 만약 그렇지 못하다면 저는 부처가 되지 않겠습니다.

만약 제가 부처가 된다면 땅으로부터 위로 허공에 이르기까지 궁전, 누각, 흐르는 물, 꽃, 나무 등 나라 안에 있는 모든 만물이 헤아릴 수 없는 보배와 백천 가지의 향기로 이루어지고, 장엄하고 기묘함이 모든 인간계나 천상계에서는 비교될 수 없으며, 그 향기는 널리 시방세계에 퍼지게 하며, 그것을 맡는 보살은 부처님의 행을 닦게 하겠습니다. 만약 이와 같이 되지 못한다면 저는 부처가 되지 않겠습니다.

만약 제가 부처가 된다면 시방세계의 헤아릴 수 없이 많은 모든 부처님 세계의 중생들이 저의 광명을 입고, 그들의 몸에 접촉하면 이들은 몸과 마음이 부드러워 인간과 천상을 초월하리니, 만약 그렇게 되지 못하다면 저는 부처가 되지 않겠습니다.

만약 제가 부처가 되어서도 헤아릴 수 없이 많은 시방의 모든 부처님 세계의 중생들이 저의 이름을 듣고 보살의 무생법인과 여러 가지 깊은 지혜 공덕인 다라니 법문을 얻지 못한다면 저는 부처가 되지 않겠습니다.

만약 제가 부처가 되어서도 시방세계의 헤아릴 수 없이 많은 모든 부처님 세계의 여인들이 저의 이름을 듣고 환희심을 내어 믿고 원해서 보리심을 일으켜 여자의 몸을 싫어한 사람이 목숨을 마친 후 다시 여인이 된다면 저는 부처가 되지 않겠습니다.

만약 제가 부처가 된다면 시방세계의 헤아릴 수 없는 모든 부처님 세계의 모든 보살들이 저의 이름을 듣기만 하여도 목숨을 마친 후 청정한 수행을 해서 부처님이 되게 하겠습니다. 만약 그렇게 하지 못한다면 저는 부처가 되지 않겠습니다.

만약 제가 부처가 된다면 시방세계의 헤아릴 수 없는 모든 부처님 세계에 있는 모든 중생들이 저의 이름을 듣고 오체를 투지하여 환희심으로 믿고 원하여 보살행을 닦을 때, 모든 천인이나 사람들이 공경하지 않는 사람이 없게 하겠습니다. 만약 그렇게 되지 않는다면 저는 부처가 되지 않겠습니다.

만약 제가 부처가 된다면 그 나라 중생들이 옷을 얻으려 하면 생각하는 대로 바로 생기며, 부처님이 찬탄한 바와 같은 법다운 묘한 의복이 몸에 입혀지는 것과 같으리니, 만약 바느질이나 다듬이질이나 더러워 세탁할 필요가 있다면 저는 부처가 되지 않겠습니다.

만약 제가 부처가 되어서도 그 나라 중생들이 누리는 상쾌한 즐거움이, 모든 번뇌가 없는 비구처럼 되지 않는다면 저는 부처가 되지 않겠습니다.

만약 제가 부처가 된다면 그 나라 보살들

이 뜻에 따라 시방세계의 한없이 엄숙하고 깨끗한 불국토를 보려고 하면 소원대로 보배나무 사이에서 낱낱이 비춰 보는 것이, 마치 거울로 자기 얼굴을 보는 것과 같이 하겠습니다. 만약 이렇게 되지 않는다면 저는 부처가 되지 않겠습니다.

만약 제가 부처가 되어서도 다른 국토의 보살들이 저의 이름을 듣고 부처님이 될 때까지 온몸에 부족한 점이 있어 구족하지 못한다면 저는 부처가 되지 않겠습니다.

만약 제가 부처가 된다면 다른 국토의 모든 보살들이 저의 이름을 듣고 다 청정해탈 삼매를 얻을 것이며, 이 삼매에 머물러서 한 생각 동안에 헤아릴 수 없는 불가사의한 모든 부처님을 공양하고 삼매를 잃지 않게 하리니, 만약 그렇게 되지 않으면 저는 부처가 되지 않겠습니다.

　만약 제가 부처가 된다면 다른 국토의 모든 보살들이 저의 이름을 듣고 목숨을 마친 후 존귀한 집에 태어나리니, 만약 그렇게 되지 않는다면 저는 부처가 되지 않겠습니다.

　만약 제가 부처가 된다면 다른 국토의 모든 보살들이 저의 이름을 듣고 기뻐하여 보살의 행을 닦고 공덕의 근원을 구족하리니, 만약 그렇게 되지 않는다면 저는 부처가 되지 않겠습니다.

　만약 제가 부처가 된다면 다른 국토의 모든 보살들이 저의 이름을 듣고 모든 부처님을 두루 뵈올 수 있는 삼매를 얻을 것이며, 이 삼매에 머물러서 성불할 때까지 언제나 헤아릴 수 없는 불가사의한 모든 부처님을 뵈오리니, 만약 그렇게 되지 않는다면 저는 부처가 되지 않겠습니다.

만약 제가 부처가 된다면 내 국토 가운데 보살들은 그가 원하는 뜻에 따라 듣고자 하는 법문은 저절로 듣게 되리니, 만약 그렇게 되지 않는다면 저는 부처가 되지 않겠습니다.

만약 제가 부처가 되어서도 다른 국토의 모든 보살들이 저의 이름을 듣고 곧 불퇴전에 이를 수 없다면 저는 부처가 되지 않겠습니다.

만약 제가 부처가 되어서도 다른 국토의 모든 보살들이 저의 이름을 듣고 곧 제일 음향인, 제이 유순인, 제삼 무생법인을 얻지 못하고 모든 불법 중에서 불퇴전을 얻을 수 없다면 저는 부처가 되지 않겠습니다."

부처님께서 아난에게 말씀하셨다.

"그때 법장비구는 서원을 아뢰고 나서 게

송으로 아뢰었다.

내가 세운 이 서원은 세상에 없는 일
위없는 바른 길 가고야 말리라.
이 원을 이루지 못하면
맹세코 부처는 되지 않으리.

한량없는 오랜 겁 지나가면서
내가 만일 큰 시주 되지 못하여
가난과 고통을 제도 못하면
맹세코 부처는 되지 않으리.

내가 만약 이 다음에 부처가 되어
그 이름 온 세계에 떨칠 때에
못 들은 이 한 사람이라도 있다면
맹세코 부처는 되지 않으리.

욕심 없고 바른 마음 굳게 지니고
청정한 지혜로 도를 닦으며
위없는 어른 되는 길을 찾아서
천상과 인간의 스승이 되리라.

신통으로 밝고 큰 광명을 놓아
끝없는 여러 세계 두루 비추어
세 가지 어두운 때 녹여버리고
여러 가지 액난에서 건지리라.

그대들의 지혜 눈 열어 밝히고
앞 못 보는 장님의 눈을 틔우며
여러 가지 나쁜 길 막아버리고
좋은 세상 가는 길 활짝 트리라.

지혜와 자비 충만하게 닦아

거룩한 빛 온 세상에 널리 비치니
해와 달 밝은 빛 무색케 되고
하늘나라 광명도 숨어버리네.

중생들을 위하여 교법을 열고
공덕 보배 골고루 보시할 때에
언제나 많은 대중 모인 곳에서
법문하는 그 말씀 사자의 소리처럼

온 세계 부처님께 공양을 하여
여러 가지 공덕을 두루 갖추고
그 소원 그 지혜를 가득 이루어
삼계의 거룩한 부처님 되리라.

걸림 없는 부처님의 지혜와 같이
안 비추는 데 없이 사무치리니

바라건대 내 공덕 복과 지혜가
가장 높은 부처님과 같아지리다.

만약 이 내 소원 이루어지면
삼천대천세계가 감동하리니
허공에 가득 찬 천인들도
아름다운 꽃잎을 뿌려 주리라.”

부처님께서 아난에게 말씀하셨다.
“법장비구가 이 게송을 말씀드리고 나자, 그때에 대천세계가 여섯 가지로 진동하고 하늘로부터 아름다운 꽃비가 내려 그 위에 흩어지며 자연의 음악이 울려 퍼지고 허공에서 찬탄해 말씀하시기를 ‘언젠가는 반드시 무상정등각을 이루리라’고 했다. 이에 법장비구는 이와 같이 큰 서원을 구족해 원만히 성취하려는 진실한 마음이 헛되지 않았으며, 세간을 초월하여 간절히 진여법성의 경계를 원하였느니라."

제3절 법장비구의 수행

"아난아, 그때 저 법장비구는 그 부처님(세자재왕) 앞에서 모든 하늘과 제육천왕과 범천과 용신 등 팔부대중 가운데서 이 서원을 세우고 나서 한결같은 뜻으로 묘한 국토로 장엄하려고 했다. 세우려고 한 불국토는 크고 광대하며 수승하여 비할 데가 없고, 건립한 국토는 영원하여 쇠퇴하지도 않으며 변하지도 않는 것이니, 이는 보살이 무한히 오랜 세월 동안 한량없는 공덕의 행을 쌓고 심었기 때문이니라.

탐욕과 성냄과 남을 해치려는 생각은 하지

않으셨고 또 이러한 생각은 품지도 않으셨으며, 감각의 대상인 모양, 소리, 향기, 맛, 촉감, 분별하는 생각에 집착하지 않으셨고, 참는 힘을 성취해서 어떠한 큰 괴로움일지라도 잘 견디어 내셨으며, 욕심이 적고 만족할 줄 알아 탐욕과 성냄과 어리석음이 없이 항상 삼매에 들어 고요하셨으며 지혜는 어디에도 걸림이 없으셨다.

그리고 마음에는 거짓과 아첨이라는 것은 조금도 없고, 언제나 온화한 모습과 인자한 말씀으로 미리 법을 설하여 주셨다. 또 용맹하게 정진하여 뜻을 이루는 데 게을리 하지 않으셨고, 맑고 높은 진리를 구해서 중생에게 은혜를 베푸셨다.

불, 법, 승 삼보를 공경하고 스승과 어른을 받들어 섬겼으며, 큰 장엄으로 여러 가지 행을 구족하여 모든 중생들로 하여금 공덕을 성취하게 하셨다. 공, 무상, 무원의 법에 머물러 모든 현상은 본래 만들어진 것도 아니고 일어난 것도 아니며 허깨비처럼 변화해서 생긴 것임을 관하셨다.

그리고 자기도 해롭고 남도 해롭게 해 서로가 피해를 입는 나쁜 말은 멀리하시고, 자기도 이롭고 남도 이로워 서로에게 이익이 되는 좋은 말을 하려고 노력하셨다. 나라를 버리고, 왕위를 버리고, 재물과 처자의 인연을 끊고, 스스로 육바라밀을 닦으셨으며, 그것을 다른 사람에게 가르쳐 수행하도록 하셨으니 그는 한량없는 세월 동안 공덕을 쌓으셨느니라."

제4절 법장비구가 얻은 결과

"그(법장비구)가 태어나는 곳에는 생각하는 대로 헤아릴 수 없는 법문이 저절로 우러나와 무수한 중생을 교화하여 편안하게 하고 위없이 바른 진리의 도에 머물게 하셨다.

그는 때로는 장자, 거사, 바라문, 재상이 되기도 하고, 혹은 국왕, 전륜성왕, 육욕천왕으로부터 범천왕에 이르기까지 마음대로 태어나서 항상 사사四事로써 모든 부처님께 공양하고 공경하셨나니, 이러한 공덕은 가히 헤아릴 수 없다.

그의 입에서 나는 향기는 청결함이 우담발화와 같고 몸의 모든 털구멍에서는 전단향의 향기를 내어 그 향기가 널리 한량없는 세계에 퍼졌다. 그 모습은 단정하고 상호는 뛰어나고 묘하며, 그의 손에서는 항상 무량한 보

배와 음식, 진귀하고 아름다운 꽃과 향기, 일
산, 깃발의 장식품들이 나왔다.

　이러한 것들은 모든 천인들보다 뛰어나고
훌륭하셨다. 그는 모든 법에 있어서 자유자
재함을 얻으셨느니라.”

제2장 아미타불과 극락세계

제1절 정보의 장엄

아난이 부처님께 여쭙기를,

　“법장보살은 이미 성불하여 열반하셨습니
까? 아직도 성불하지 못했습니까? 지금 현재
계십니까?”

　부처님이 아난에게 말씀하시기를,

　“법장보살은 이미 성불하여 현재 서방에
계시는데, 그 세계는 여기서 십만억 국토를

지난 곳에 있고, 이름은 안락이라 한다.”

아난이 또 여쭙기를,

“그 부처님이 성불하신 지는 얼마나 됩니까?”

부처님께서 말씀하시기를,

“성불한 이래 대략 열 겁이 지났느니라. 그 부처님의 국토는 자연의 칠보인 금, 은, 유리, 산호, 호박, 자거, 마노 등으로 땅이 이루어졌고 그 넓이는 광대하여 끝이 없으며, 그 칠보는 서로 섞이어서 눈부시게 빛나 아름답고 화려하며 청정하게 장엄된 것이 시방의 모든 세계보다도 빼어난 것이다. 그 보석은 모든 보배 중에서 가장 아름답고 제육천(타화자재천)의 보배와 같고, 또 그 국토에는 수미산 및 금강철위산 등 일체 모든 산이 없으며, 큰 바다, 작은 바다, 시내, 골짜기, 우물 등이 없지만 부처님의 신통력으로 보고자 하면 즉시 나타나느니라. 또한 지옥, 아귀, 축생 등의 괴로운 경계도 없으며, 봄, 여름, 가을, 겨울 등 사시사철이 없어 춥지도 않고 덥지도 않아 온화하고 상쾌하니라."

그때 아난이 부처님께 여쭙기를,

"세존이시여, 만약 저 국토에 수미산이 없으면 그 사천왕과 도리천왕은 어디에 의지하여 머무를 수 있습니까?"

부처님께서 아난에게 말씀하시기를,

"제3야마천으로부터 색구경천까지 모두 어디에 의지하여 머물렀는가?"

아난이 부처님께 사뢰기를,

"지은 업력의 불가사의한 과보에 의해서입니다."

부처님께서 아난에게 말씀하시기를,

"지은 업력의 불가사의한 과보에 의해 머물 수 있다면, 모든 부처님 세계도 또한 불가사의한 힘에 의해 머물며, 거기에 있는 중생들도 자기가 지은 선근공덕의 힘에 의해 그곳에 머물러 산다. 그러기 때문에 능히 그것이 가능하니라."

아난이 부처님께 사뢰기를,

"저는 이 법을 의심하지 않습니다. 다만 미래의 중생들을 위하여 그들의 의혹을 풀어 주고자 하기에 일부러 이 뜻을 여쭈어 보았을 뿐입니다."

부처님께서 아난에게 말씀하시기를,

"무량수불의 위신력과 광명은 가장 높고 뛰어나서 모든 부처님의 광명이 능히 미치지 못하며, 또한 아미타 부처님의 광명은 백천 부처님의 세계를 비추신다. 중요한 것을 취해 말하면, 곧 동쪽으로 한량없는 부처님 국토를 비추고 남쪽, 서쪽, 북쪽, 위, 아래도 이와 같으니라. 혹은 부처님의 광명이 일곱 자를 비추고, 혹은 일 유순, 이, 삼, 사, 오 유순을 비추는데 이와 같이 점점 더해서 한 부처님 세계를 비추시느니라. 그렇게 때문에 무량수불을 무량광불, 무변광불, 무애광불, 무대광불, 염왕광불, 청정광불, 환희광불, 지혜광불, 부단광불, 난사광불, 무칭광불, 초일월광불이라고 찬탄하느니라. 그런데 중생이 있어 이 광명을 만난 사람은 세 가지 때(번뇌)가 소멸되고 몸과 마음이 부드럽고 상냥하며 기쁨이 넘치고 착한 마음이 우러난다. 만약 삼도의 고통 속에서 이 광명을 보면 모두 휴식을 얻어 괴로워하지 않고 목숨이 마친 뒤에 모두 해탈을 얻느니라.

무량수불의 광명은 찬란하여 시방세계를 비추고 그 명성이 모든 부처님의 국토에 들리지 않는 곳이 없다. 다만 나만이 그 광명을 찬탄한 것이 아니고 일체 모든 부처님, 성문, 연각, 모든 보살들이 다함께 한결같이 찬탄하느니라. 만약 중생이 그 광명의 위신력과 공덕을 듣고 밤낮으로 찬탄하는 데 지극한 마음이 끊어지지 않으면 원하는 뜻에 따라서 그 국토에 태어나게 되며, 모든 보살과 성문 대중들이 그를 위하여 찬탄하고 그 공덕을 칭찬할 것이며, 그런 후 장차 불도를 얻을 때에는 널리 시방세계의 모든 부처님과 보살들이 지금과 같이 그 광명을 찬탄할 것이다."

　　또 부처님께서 말씀하시기를,

　　"내가 무량수불의 광명과 위신력이 위대하고 미묘함을 밤낮으로 일겁 동안 설해도 오히려 다할 수가 없느니라."

부처님께서 아난에게 말씀하시기를,

"무량수불의 수명은 길어서 가히 헤아릴 수가 없는데 네가 어찌 알겠는가? 가령 시방 세계의 한량없는 중생들이 사람의 몸을 얻어 모두 성문, 연각을 이루어서 다함께 모여 고요한 마음으로 그들의 지혜를 모아 백천만겁 동안 그 수명을 계산하고 세어 보아도 그 한계를 다 알 수 없느니라. 또 그 세계의 성문, 보살, 천인들의 수명도 이와 같아서 계산이나 비유로도 능히 알 수가 없느니라.

또 성문과 보살의 수는 가히 헤아리기 어려워서 말로 할 수 없느니라. 신통과 지혜를 통달하여 그 위력이 자재하고 능히 손바닥 위에 일체 세계를 올려놓을 수 있느니라."

부처님께서 아난에게 말씀하셨다.

"저 부처님의 처음 법회 때 모인 성문들의 수는 가히 헤아릴 수 없었고 보살 또한 그러했으니, 지금 대목건련 같은 이들이 백천만억 무량무수가 있어 아승지 나유타겁 동안이나, 내지 목숨이 마칠 때까지 계속 헤아려도 많고 적은 수를 알 수가 없다. 비유하면 큰 바다가 깊고 넓어 한량이 없는데, 사람이 하나의 머리털을 백 개로 쪼개어서 그 하나의 터럭을 가지고 한 번 적시는 것과 같으니라. 너의 뜻은 어떠하냐. 그 적신 물과 저 큰 바다 중에 어느 것이 많으냐?"

아난이 부처님께 여쭙기를,

"저 적신 물을 큰 바다에 비교함에 많고 적음을 어찌 계산이나 말로써 비유하여 능히 알 수가 있겠습니까?"

부처님께서 아난에게 말씀하셨다.

"목련존자와 같은 이들이 백천만억 나유타 동안 저 처음 법회에 모인 성문, 연각을 헤아려서 아는 수는 오히려 한 방울의 물과 같고, 그 알지 못하는 것은 큰 바닷물과 같으니라."

제2절 의보의 장엄

"또 그 국토에는 칠보로 된 여러 가지 나무가 세계에 두루 가득하여 금으로 된 나무, 은으로 된 나무, 유리나무, 파려나무, 산호나무, 마노나무, 자거나무들이 있는데 혹은 두 가지 보배, 세 가지 보배, 내지 일곱 가지 보배로 합하여 이루어졌느니라.

혹은 금나무에 은으로 된 잎, 꽃, 열매가 있고, 혹은 은나무에 금으로 된 잎, 꽃, 열매가 있으며, 혹은 유리나무에 파려의 잎, 꽃, 열매가 있고, 혹은 수정나무에 유리의 잎,

꽃, 열매가 있으며, 혹은 산호나무에 마노의 잎, 꽃, 열매가 있으며, 혹은 마노나무에 유리의 잎, 꽃, 열매가 있으며, 혹은 자거나무에 여러 가지 보배로 된 잎, 꽃, 열매가 있으며, 어느 보배 나무는 자금을 뿌리로 하고, 백은을 줄기로 하고, 유리를 가지로 하고, 수정을 작은 가지로 하고, 산호를 잎으로 하고, 마노를 꽃으로 하고, 자거를 열매로 했다. 어느 보배 나무는 백은을 뿌리로 하고, 유리를 줄기로 하고, 수정을 가지로 하고, 산호를 작은 가지로 하고, 마노를 잎으로 하고, 자거를 꽃으로 하고, 자금을 열매로 했다. 어느 보배 나무는 유리를 뿌리로 하고, 수정을 줄기로 하고, 산호를 가지로 하고, 마노를 작은 가지로 하고, 자거를 잎으로 하고, 자금을 꽃으로 하고, 백은을 열매로 했다. 어느 보배 나무는 수정을 뿌리로 하고, 산호를 줄기로 하고, 마노를 가지로 하고, 자거를 작은 가지로 하고, 자금을 잎으로 하고, 백은을 꽃으로 하고, 유리를 열매로 했다. 어느 보배 나무는 산호를 뿌리로 하고, 마노를 줄기로 하고, 자거를 가지로 하고, 자금을 작은 가지로 하고, 백은을 잎으로 하고, 유리를 꽃으로 하고, 수정을 열매로 했다. 어느 보배 나무는 마노를 뿌리로 하고, 자거를 줄기로 하고, 자금을 가지로 하고, 백은을 작은 가지로 하고, 유리를 잎으로 하고, 수정을 꽃으로 하고, 산호를 열매로 했다. 어느 보배 나무는 자거를 뿌리로 하고, 자금을 줄기로 하고, 백은을 가지로 하고, 유리를 작은 가지로 하고, 수정을 잎으로 하고, 산호를 꽃으로 하고, 마노를 열매로 했다.

이러한 여러 가지 보배 나무들은 서로서로

줄지어 있고 줄기와 줄기는 서로 바라보고, 가지와 가지가 고르고, 잎과 잎은 서로 마주 보고, 꽃과 꽃은 서로 다르고, 열매와 열매는 서로 균형이 잡혀 있어 그 찬란한 빛은 눈이 부시어 바라볼 수 없으며, 맑은 바람이 불면 다섯 가지 음악의 소리가 나오는데 미묘하고 자연스럽게 서로 조화를 이루느니라.

또 무량수불이 계신 도량의 나무는 높이가 사백만 리이고 그 밑동 주위는 오십 유순이 되며 가지와 잎은 사방으로 이십만 리나 퍼졌는데, 일체의 모든 보배로 자연히 이루어져 있고 월광마니와 지해륜보와 같이 보배 중에 으뜸가는 것으로 장엄되었으며, 작은 가지 사이에는 보배 영락을 드리웠는데 그 빛깔은 백천만 가지로 다르게 변하여 한량없는 광명이 끝없이 빛나고 있다. 그 위에는 아름다운 보배의 그물이 덮였나니, 일체 장엄이 곳에 따라 나타나 있다. 미풍이 서서히 불면 모든 가지와 잎을 움직여 한량없는 묘법의 음성을 연출하는데 이 소리가 흘러 모든 부처님 국토에 두루하느니라.

그 소리를 들은 사람은 세 가지 깊은 법인을 얻고 불퇴전에 머물러 불도를 이룰 때까지 귀가 청정하고 투철하여 괴로움과 근심을 만나지 않으며, 눈으로 그 색깔을 보고, 귀로 그 소리를 들으며, 코로 그 향기를 맡고, 혀로 그 맛을 보며, 몸으로 그 빛의 촉감을 느끼고, 마음으로 그 인연을 생각하여 일체 모든 깊고 깊은 법인을 얻고 불퇴전에 머무는데, 불도를 이룰 때까지 육근이 청정하고 투철해서 모든 번뇌와 근심걱정이 없느니라.

아난아, 저 국토의 사람들 중 이 나무를 본

사람은 삼법인을 얻는데 첫째는 음향인, 둘째는 유순인, 셋째는 무생법인이다. 이것은 모두 무량수불의 위신력 때문이고, 본원력 때문이며, 만족원 때문이며, 명료원 때문이며, 견고원 때문이며, 구경원 때문이니라."

부처님께서 아난에게 말씀하셨다.

"세간의 제왕에게 백천 가지 음악이 있고, 또 전륜성왕으로부터 제육천상에까지 있는 기악의 음성이 점점 수승한 것은 천억 배나 된다. 제육천에 있는 만 가지 음악은 무량수 국토에 있는 모든 칠보나무에서 울리는 하나의 음성만도 같지 않으며, 한 나무에서 나는 음성이 천억 배나 수승하다. 또 자연히 만 가지 기악이 있고 그 악기의 소리는 진리의 법음이 아닌 것이 없으며, 맑고 애절하며 미묘하고 온화하여 시방의 음성 가운데 가장 뛰어나느니라.

또 강당, 정사, 궁전, 망루가 있는데 모두 자연히 칠보로 장엄되었으며 진주와 명월마니 등 여러 가지 보배로 엮은 그물로 그 위를 덮었느니라. 안과 밖, 오른쪽과 왼쪽에 여러 가지 목욕하는 못이 있는데 크기는 십 유순, 이십 유순, 삼십 유순 내지 백천 유순이 되며, 가로 세로 깊이가 다 같고 여덟 가지 공덕수가 맑고 잠잠하게 가득 차 있는데 청정하고 향기로운 맛이 감로수와 같으니라. 황금의 못 밑에는 백은 모래가 깔려 있고, 백은의 못 밑에는 황금 모래가 깔려 있고, 수정의 못 밑에는 유리 모래가 깔려 있고, 유리의 못 밑에는 수정 모래가 깔려 있고, 산호의 못 밑에는 호박 모래가 깔려 있고, 호박의 못 밑에는 산호 모래가 깔려 있고, 자거의 못 밑에는 마노 모래가 깔려 있고, 마노의 못 밑에는 자거 모래가 깔려 있고, 백옥의 못 밑에는 자금 모래가 깔려 있고, 자금의 못 밑에는 백옥 모래가 깔려 있고, 혹은 두 가지 보배, 세 가지 보배 내지 일곱 가지 보배로 이루어졌느니라.

그 연못의 언덕 위에는 전단향나무가 있어 꽃과 잎이 드리워져 있고, 향기는 두루 퍼지며, 하늘의 우발라화, 발담마화, 구물두화, 분다리화가 있어 서로 어우러진 빛이 아름답게 물 위를 가득 덮고 있다. 저 모든 보살 및 성문들이 만약 보배의 못에 들어가 마음속으로 물이 발까지 잠기기를 바라면 물이 곧 발까지 잠기고, 무릎까지 이르기를 바라면 곧 무릎까지 이르며, 허리까지 이르기를 원하면 곧 허리까지 이르고, 목까지 이르기를 원하면 곧 목까지 이르며, 온몸을 적시기를 원하면 온몸이 젖고, 물을 다시 돌려보내고자 하면 다시 돌아가느니라. 차고 따뜻함은 저절로 뜻하는 대로 조화를 이루고, 목욕을 하면 정신이 밝아지며 몸이 상쾌하여 마음의 때가 씻어지느니라. 맑고 투명하여 형체가 없는 것과 같고, 보배의 모래는 훤히 드러나 깊은 곳이라도 비추지 않는 곳이 없으며, 잔잔한 물결은 빠르지도 않고 느리지도 않고 잔물결을 일으키면서 흘러간다. 물결은 한량없는 자연의 묘한 소리를 내는데 그 바라는 바에 따라서 듣지 못하는 것이 없다. 혹은 부처님의 음성을 듣고, 혹은 법의 소리를 들으며, 혹은 승가의 소리를 듣고, 혹은 고요한 소리, 공·무아의 소리, 대자비의 소리, 육바라밀의 소리, 십력과 사무외와 불공법의 소리, 모든 신통력과 지혜의 소리, 무소작의 소리, 불기

멸의 소리, 무생인의 소리 내지 감로관정 등 여러 가지 진리의 소리를 듣느니라. 이와 같은 소리는 들은 바에 적합하여 한량없는 기쁨이 되며, 청정하고, 탐욕을 여의고, 적멸한 진실의 뜻을 따르고, 삼보력, 무소외, 불공의 법을 따르고, 신통력과 지혜, 보살과 성문들이 행한 도를 따르게 되느니라. 거기에는 삼도의 고통과 어려움이 없고, 다만 자연스런 즐거움의 소리만이 있기 때문에 그 나라를 안락이라 이름하느니라."

제3절 정토의 쾌락

"아난아, 저 불국토에 왕생한 모든 사람은 이와 같은 청정한 몸과 여러 가지 묘한 음성, 신통, 공덕을 구족하며 거처하는 궁전, 의복, 음식, 여러 가지 묘한 꽃, 향, 장식품을 갖춤

이 마치 제육천의 자연의 물건과 같다. 만약 밥을 먹으려고 할 때는 칠보의 그릇이 스스로 앞에 있고 금, 은, 유리, 자거, 마노, 산호, 명월주, 진주 등 이와 같은 모든 그릇들 안에 원하는 대로 백 가지 맛의 음식이 저절로 가득 찬다. 이런 음식이 있지만 실제로 먹는 것은 아니고, 다만 색깔을 보고 향기를 맡으며 먹었다고 생각하면 저절로 배가 부르게 된다. 몸과 마음이 유연하여 맛에 집착하지 않으며, 식사를 마치면 없어지고 때가 되면 다시 나타나느니라. 저 불국토는 청정하고 안온하며 미묘하고 상쾌하여 무위열반의 도에 버금가느니라.

그 모든 성문, 보살, 천인들은 지혜가 고명하며, 신통을 통달하여 모두 같은 모양으로 달리 생긴 형상이 없으나, 다만 다른 세계의 인연에 수순하기 때문에 하늘 사람의 이름이 있을 뿐이며 얼굴의 모습은 단정해서 세상에서 드물게 뛰어나고, 자세는 미묘하여 천인도 아니며 사람도 아니나니, 모두 자연히 허무의 몸이고 다함이 없는 몸을 받았느니라.”

부처님께서 아난에게 말씀하시기를,

“비유하면 세간에 거지가 제왕의 곁에 있다면 그 형상이 어떠하겠느냐?”

아난이 부처님께 아뢰기를,

“만약 이 거지가 제왕의 곁에 있다면 초췌하고 추악하여 비유가 되지 않고, 그 다름은 백천만억 배로 가히 헤아릴 수 없나이다. 그러한 까닭에 거지는 천하여 의복은 몸을 제대로 가리지 못하고, 음식은 겨우 목숨을 부지할 정도이며, 굶주리고 춥고 괴로워서 인정과 의리는 거의 없는 지경입니다.

모두 전생에 공덕의 근본을 심지 않고, 재물을 모으기만 하고 보시하지 않았으며, 있으면 있을수록 더욱 욕심내고 황당무계하게 얻으려 탐하고 싫어함이 없으며, 그다지 선을 닦지 않고 악을 범함이 산처럼 쌓였습니다. 이와 같이 해서 목숨을 마치면 재물과 보배는 사라지고 몸에 괴로움만이 더하여 이것 때문에 근심과 괴로움이 되나니 자기에게는 아무 이익도 없고, 한갓 남의 것이 되어 버리나이다. 선이라 할 것도 없고 덕이라 할 것도 없는 까닭에 죽어서 악도에 떨어져 오랫동안 고통을 받아 죄를 다 마치고 벗어나지만 천한 사람으로 태어나니 어리석고 비천하여 사람의 모습같이 보일 뿐입니다.

　　세상의 제왕이 사람들 가운데 존귀한 까닭은 모두 과거 숙세에 공덕을 쌓은 데서 오는 것입니다. 자비로써 널리 베풀고 어진 마음으로 거듭 구제하고 신용을 쌓고 선을 닦아서 다투는 일이 없었습니다. 이것에 의해서 목숨이 마치면 복에 따라 선도에 태어남을 얻고, 또 천상에 태어나서 이 복락을 누리며, 선을 쌓은 것이 있어 현재의 사람으로 태어나는데, 왕가에 태어나 자연히 존귀하게 되어 용모와 거동이 단정하여 모든 사람으로부터 공경을 받으며 좋은 의복과 맛있는 음식을 마음대로 먹을 수 있으니, 이것은 숙세의 복에 의한 까닭에 이렇게 될 수 있습니다."

부처님께서 아난에게 말씀하시기를,

"너의 말이 옳다. 가령 임금이 사람들 가운데 존귀하고 용모가 단정하다고 하지만, 이것을 전륜성왕에게 비교하면 심히 천하고 볼품없는 것이, 저 거지가 임금의 곁에 있는 것과 같다. 전륜성왕의 위엄과 늠름하고 훌륭한 모습은 천하의 으뜸이지만, 이것을 도리천왕에 비하면 천하고 추해서 서로 비교할 수 없어 만억 배의 차이가 있으며, 도리천왕을 제육천왕에 비교하면 백천억 배의 차이가 있어 서로 견줄 수 없고, 또 제육천왕을 무량수불 국토의 보살과 성문에 비교하면 빛나는 얼굴과 용모는 백천만억의 차이가 있어 가히 헤아릴 수 없느니라."

부처님께서 아난에게 말씀하시기를,

"무량수 국토에 있는 모든 하늘 사람들의 의복과 음식, 꽃, 향, 영락, 비단, 일산, 깃발, 미묘한 음성과 거처하는 저택, 궁전, 누각은 형색에 맞추어 높고 낮고 크고 작은 것이 있고, 한 가지 보배, 두 가지 보배 내지 한량없는 보배로 이루어져 마음 바라는 대로 생각에 따라서 곧 나타난다. 또한 여러 가지 보배의 비단이 널리 그 땅에 깔려 있어 모든 천인이 그것을 밟고 거닐며, 한량없는 보배 그물이 부처님 국토를 덮었는데 모두 금실과 진주와 백천 가지 아름답고 진귀한 보배로 장엄하게 꾸며졌으며, 사방에 두루 드리워져 있는 보배 방울이 찬란히 빛나 그 화려함은 극에 달한다. 저절로 덕스러운 바람이 서서히 불면 그 바람은 잘 조화되어 춥지도 않고 덥지도 않고 온화하고 부드러우며 세지도 않고 약하지도 않느니라. 이 바람이 모든 그물과 모든 보배 나무에 살랑거리면 한량없이 미묘한 법음을 내고 만 가지 온화한 덕의 향기를 풍긴다. 이를 듣고 맡은 사람은 번뇌가 일어나지 않고 바람이 몸에 닿으면 모두 즐거움을 얻나니, 비유하면 비구가 멸진삼매를 얻는 것과 같으니라.

그리고 바람은 꽃을 휘날려서 부처님 국토에 가득 채우는데, 빛깔은 섞여 어지럽지 않고 유연하게 빛나고 그윽한 향기를 풍기며, 발로 그 위를 밟으면 네 치나 들어가고 발을 들으면 다시 전과 같이 올라오며, 꽃잎은 쓸모가 다하면 땅이 곧 갈라져 땅속으로 사라져 깨끗하여 흔적이 없느니라. 때에 따라서 바람이 불면 꽃은 흩어지는데, 하루 여섯 번 되풀이된다. 또 여러 가지 보배 연꽃이 세계에 가득한데, 하나하나의 보배 꽃에는 백천억의 잎이 있고 그 꽃의 광명은 한량없는 여러 가지 색으로 푸른색에는 푸른 광명이 나고, 흰색에는 흰 광명이 나고, 노란빛, 붉은빛, 자줏빛 등이 각기 광명을 발하여 화려하고 찬란하여 밝음은 해와 달과 같다. 하나하나의 꽃 가운데서 삼십육백천억 가지 빛을 발하고, 하나하나의 빛 가운데서 삼십육백천억 분의 부처님이 나투시는데, 몸은 자마금색이고 그 상호는 뛰어나 훌륭하시니라.

한 분 한 분의 모든 부처님은 백천 가지 광명을 놓아 널리 시방의 중생을 위해 미묘한 법을 설하신다. 이와 같이 모든 부처님은 각각 한량없는 중생을 부처님의 바른 도리에 편안하게 머물게 하시느니라."

제3장 정토왕생의 인연

제1절 범부의 정토왕생

부처님께서 아난에게 말씀하셨다.

"저 극락세계에 태어나는 중생들은 모두 다 정정취에 머물게 되느니라. 그 까닭은 저 부처님 세계에는 모든 사정취 및 부정취가 없기 때문이다.

시방에 항하의 모래와 같이 많은 모든 부처님이 다함께 무량수 부처님의 헤아릴 수 없는 위신력과 공덕을 찬탄하시느니라. 모든 중생은 그 명호를 듣고 기쁜 마음으로 신심을 내어 한 생각이라도 지극한 마음으로 저 국토에 태어나기를 원하면 곧 왕생하여 불퇴전의 자리에 머무느니라. 다만 오역죄와 정법을 비방하는 사람은 안 되느니라."

부처님께서 아난에게 말씀하셨다.

"시방세계의 모든 천인과 인간들이 지극한 마음으로 저 국토에 태어나려고 원함에 대략 세 가지 차별이 있다. 그중에 상배란 집을 버리고, 욕심을 버리고, 승려가 되어 보리심을 발하여 한결같이 무량수불을 생각하여 여러 가지 공덕을 닦아 저 국토에 태어나고자 원하는 사람들이다. 이와 같은 중생이 목숨을 마칠 때에는 무량수불이 여러 대중과 함께 그 사람 앞에 나타나신다. 곧 그 부처님을 따라 저 국토에 왕생하여 칠보의 꽃 가운데 자연히 화생하여 불퇴전의 진리에 머물러 지혜와 용맹을 갖추고 신통이 자재하게 되느니라. 그러므로 아난아, 이 세상에서 무량수불을 친견하고자 하는 중생은 마땅히 한없는 보리심을 일으켜 공덕을 닦아 저 국토에 태어나기를 원해야 하느니라."

부처님께서 아난에게 말씀하셨다.

"그 중배란 시방세계 모든 천인과 사람들이 지극한 마음으로 저 국토에 태어나고자 원을 세우고, 비록 승려가 되지 못하여 큰 공덕을 닦지 못하더라도 마땅히 위없는 보리심을 내어 오로지 일념으로 무량수불을 염하는 사람들이다. 다소 선을 닦고 계율을 받들어 지키며 탑을 세우고 불상을 조성하며 스님들에게 공양도 하고 일산을 걸며 등불을 밝히고 꽃을 뿌리며 향을 사르고, 이렇게 회향해서 저 국토에 태어나려고 원하면 그 사람의 임종 시에 무량수불이 몸을 화현으로 나투시는데 광명과 상호가 실제 부처님과 같으시며, 모든 대중과 함께 그 사람 앞에 나타나신다. 그리고 곧 화현하신 부처님을 따라서 저 국토에 왕생해 불퇴전의 자리에 머물게 되나니, 지혜와 공덕은 상배의 다음가느니라."

부처님께서 아난에게 말씀하셨다.

"그 하배란 시방세계의 모든 천신과 사람들이 지극한 마음으로 저 국토에 태어나려고 원을 세워, 가령 여러 가지 공덕을 짓지는 못하지만 마땅히 위없는 보리심을 내고, 오로지 뜻을 한결같이 하여 내지십념이라도 무량수불을 생각하며 그 국토에 태어나려고 원하는 사람들이다. 만약 심오한 법을 듣고 즐거운 환희심으로 믿어 의혹을 일으키지 아니하고 한 생각이라도 부처님을 생각하여 지극한 마음으로 저 국토에 태어나려고 원하면 이 사람이 임종할 때 꿈결에 부처님을 뵙고 왕생하나니, 지혜와 공덕은 중배 다음가느니라."

제2절 보살과 성중의 왕생

부처님께서 아난에게 이르시기를,

"무량수불의 위신력은 너무 뛰어나기 때문에 시방세계의 한량없이 많은 모든 부처님께서 찬탄하지 않으신 분이 없다. 저 동방의 항하의 모래와 같이 많은 불국토의 수많은 모

든 보살들도 다 무량수불이 계신 곳에 와서
무량수불과 보살, 성문, 대중들을 공경하고
공양한다. 그리고 진리의 말씀을 듣고 널리
중생을 교화하나니, 남, 서, 북방, 사유, 위,
아래도 또한 이와 같으니라."
　　이때 부처님께서 게송으로 말씀하셨다.

　　"동방에 널리 있는 여러 불국토
　　항하의 모래처럼 셀 수가 없네.
　　이렇듯 많은 국토 보살 대중이
　　무량수 부처님께 가서 뵈옵네.

　　남방과 서방 북방 네 간방과
　　상방과 하방에도 다 그렇거든
　　이같이 많은 국토 보살 대중이
　　무량수 부처님께 가서 뵈옵네.

시방세계 그와 같이 많은 보살들
아름다운 하늘 꽃과 향과 보석과
한량없는 하늘 옷을 가지고 와서
무량수 부처님께 공양하였네.

모두들 천상음악 연주할 때에
밝고 곱고 화평한 노래를 불러
가장 높은 부처님을 찬탄하여
무량수 부처님께 공양하였네.

신통과 바른 지혜 끝까지 알아
저같이 깊은 법문 드나들면서
한량없는 공덕을 두루 갖추니
미묘한 밝은 지혜 짝할 이 없네.

지혜의 해 이 세상을 환히 비추어

생사의 구름이 활짝 걷히니
보살들은 공경하여 세 번 돌고
위없는 부처님께 예배하였네.

청정하고 장엄한 저 국토 보니
생각도 말도 못할 기묘한 세계
보는 사람 위없는 보리심 내어
원컨대 우리 국토 그와 같아지라고.

그때에 무량수 부처님께서
반가운 얼굴로 기뻐 웃으시니
입에서 눈부신 광명이 나와
시방세계를 두루 비추시었네.

그 광명이 되돌려 몸을 둘러싸
세 번 돌고 두상으로 들어가니

온 세계 천상, 인간, 많은 대중들
환희심에 뛰놀며 즐거워했네.

그때에 관음보살 옷깃 여미고
머리를 숙이며 여쭈는 말씀
부처님 무슨 일로 웃으시온지
원컨대 그 까닭을 일러 주소서.

우레처럼 우렁찬 맑은 음성으로
여덟 가지 미묘한 소리를 내어
내 이제 보살들에게 수기 주리니
이 말을 똑똑히 명심해 들어라.

시방세계에서 모인 저 보살들
저마다 지닌 소원 내가 아노니
청정한 좋은 국토 구해 가지고

반드시 수기 받아 성불하리라.

온갖 법 꿈과 같고 요술과 같고
메아리 같은 줄을 밝게 깨달아
여러 가지 큰 소원을 이루게 되면
이러한 좋은 국토 얻게 되리라.

법이 번개나 그림자 같은 줄 알고
끝까지 보살도를 닦아 행하여
여러 가지 공덕 모두 갖추면
반드시 수기 받아 성불하리라.

법의 성품은 모두 공한 것이고
나조차 없는 줄 깊이 깨달아
청정한 불국토를 힘써 구하면
반드시 이런 국토 얻게 되리라.

부처님 보살들께 하시는 말씀
극락세계 무량수불 가서 뵈오라.
법문 듣고 기꺼이 받아 행하면
청정한 저 국토를 속히 얻으리.

청정한 저 나라에 가기만 하면
어느덧 신통 묘용 두루 갖추고
무량수 부처님께 수기를 받아
위없는 바른 도를 이룰 것이다.

저 부처님 처음에 세우신 원력
그 이름 듣고서 가서 나려면
누구든지 그 나라에 왕생을 하여
물러나지 않는 데 앉게 되리라.

보살들아, 그러니 지극한 원을 세워

내 국토도 그 세계와 같아지라고
많은 중생 구제하겠노라 원하라.
그러면 그 이름 시방에 떨치리.

그 많은 부처님을 섬길 때에
이 몸으로 여러 세계 두루 다니며
정성껏 기쁨으로 공양 올리고
거듭 극락세계에 돌아가리라.

전생에 착한 공덕 못 쌓은 이는
이 경전 말씀을 들을 길 없고
온갖 계행 청정하게 닦는 이라야
부처님 바른 법문 들을 수 있네.

일찍이 부처님을 뵈온 사람은
의심 않고 이런 일 믿으리니

겸손하고 조심스레 듣고 행하여
즐거이 뛰놀며 기뻐하리라.

교만하고 게으른 사람은
이 법문 믿기가 심히 어렵지만
전생에 부처님을 뵈온 사람은
이와 같은 가르침을 즐겨 들으리.

성문은 물론 보살이라도
부처님의 거룩한 마음 알기 어렵네.
이 세상에 날 때부터 눈먼 사람이
어떻게 남에게 길을 가리킬까.

여래의 크신 지혜의 바다는
깊고 넓어 그 끝이 없어
성문이나 보살로는 헤아릴 길 없고

부처님만이 그 덕을 아실 수 있네.

이 세상 사람들이 누구나 없이
원만하게 모두 다 도를 이루어
많은 지혜로써 공한 줄 알고
억겁 동안 부처님 지혜 생각하고서

있는 힘을 다 기울여 해설하여
목숨이 다할지라도 알 수가 없네.
부처님의 지혜는 한량이 없어
이렇듯 끝없이 청정하느니라.

이 목숨 오래 살기 심히 어려운 일
부처님 만나 뵙긴 더욱 어렵고
믿음과 지혜 갖추긴 더욱 어려워
좋은 법 들었을 때 힘써 닦으라.

법문 듣고 마땅히 잊지를 말지니
뵈옵고 공경하면 큰 기쁨 얻네.
그를 일러 우리들의 선지식이라
그러므로 너희는 발심하여라.

온 세계 불길이 가득할지라도
뚫고 가서 그 법문 들을 것이니
다음 세상 반드시 부처가 되어
생사에 허덕이는 중생들 구하리라."

제4장 정토의 안락

제1절 보살과 성중이 갖춘 덕상

부처님께서 아난에게 말씀하셨다.

"저 국토의 모든 보살들은 당연히 일생보처에 이르게 된다. 그러나 그 본원에 따라 중생들을 위해 큰 서원의 공덕으로써 스스로 장엄하고 널리 모든 중생을 제도하려고 하는 보살은 제외되느니라. 아난아, 저 불국토 가운데 모든 성문들은 그 몸에서 발하는 광명이 한 길이며 보살의 광명은 일백 유순을 비춘다. 두 보살이 가장 존귀함이 으뜸이고 위신력의 광명은 두루 삼천대천세계를 비추느니라."

아난이 부처님께 여쭈어 묻기를,

"그 두 보살의 이름은 무엇입니까?"

부처님께서 말씀하시기를,

"한 분은 관세음보살이고, 또 한 분은 대세지보살이라 이름한다. 이 두 보살이 이 국토에서 보살의 행을 닦고 목숨이 다하자 몸을 바꾸어 저 세계에 태어난 것이다. 아난아, 어떤 중생이든지 저 국토에 태어난 사람은 모두 다 32상을 갖추고 지혜가 충만하여 모든 법의 이치를 깨달아 묘법을 밝히고 신통이 자재하며 육근이 청정하고 맑다. 아무리 둔한 사람이라도 법문을 듣고 깨닫는 음향인과 진리에 따르는 유순인을 얻을 수 있고, 근기가 수승한 사람은 가히 헤아릴 수 없는 무생법인을 얻는다. 저 보살은 이어 부처님이 될 때까지 악도인 지옥, 아귀, 축생에 떨어지지 않으며 신통이 자재하여 항상 과거의 일을 안다. 일부러 다른 세계의 오탁악세에 태어나서 중생을 제도하려고 하는 사람이 나의 국토에 태어나는 것은 제외된다."

제2절 보살과 성중이 모든 부처님께 공양하는 뜻

부처님께서 아난에게 말씀하시기를,

"저 국토의 보살들은 부처님의 위신력을 받아 한 번 밥 먹는 사이에 한량없는 시방세계에 가서 모든 부처님을 공경하고 공양을 올린다. 마음으로 생각하는 바에 따라서 꽃, 향, 음악, 일산, 깃발 등 무량무수한 공양구가 저절로 나타나는데, 세상에 있지 않은 진귀하고 미묘하며 뛰어난 것이다. 곧 이것을 가지고 모든 부처님, 보살, 성문 등 대중에게 받들어 뿌리면 허공에서 변하여 꽃의 일산이 되는데 광명은 찬란하고 향기는 널리 진동한다. 그 꽃은 주위 사백 리나 된 것도 있으며, 이처럼 점점 배로 더하여 큰 것은 삼천대천세계를 덮는데, 그 전후에 따라 차례로 변하여 사라진다. 모든 보살들이 다 기뻐하여 미묘한 음악으로 부처님의 덕을 찬탄하며 경의 법문을 듣고 받아 기뻐함이 한이 없다. 이처럼 공양을 올리고 나서 아직 밥을 다 먹기 전에 홀연히 순식간에 그 본래의 국토에 돌아오느니라."

제3절 보살과 성중이 법을 듣는 덕

부처님께서 아난에게 말씀하셨다.

"무량수불께서 여러 성문, 보살, 대중을 위하여 법문을 하실 때에 모두 다 칠보로 된 강당에 모이게 하여 부처님 되는 길을 가르치시고 묘한 법을 말씀하시니, 듣는 사람은 환희에 넘치며 마음이 열리고 도를 얻지 않는 이가 없느니라. 이때 사방으로부터 바람이 저절로 일어나 널리 보배 나무에 불면 다섯 가지 음의 소리가 울려 퍼지며 한량없는 아름다운 꽃이 비 오듯이 하여 바람에 날려 두루 가득한다. 이와 같이 자연의 공양이 끊임

없고 모든 천인들도 모두 천상의 백천 가지 꽃과 향, 만 가지 악기를 가지고 그 부처님과 모든 보살, 성문에게 공양하며, 널리 꽃을 뿌리고 향을 사르며 모든 음악을 연주하고 앞뒤를 왕래하면서 서로 엇갈려 공양하는데, 그때 즐거움은 이루 말할 수 없느니라."

제4절 보살과 성중의 자리이타의 덕

부처님께서 아난에게 말씀하셨다.

"저 불국토에 태어난 보살들은 법을 설할 때에는 언제나 바른 법을 말하고 지혜를 따름에 거짓이 없고 그릇됨이 없느니라. 그 국토에 있는 모든 물건에 대하여 내 것이라는 마음이 없고 집착하는 마음도 없나니, 가고 오고 나아가고 머무는 데 정에 걸림이 없고 뜻에 따라 자유로워서 친하거나 서먹서먹한 것이 없다. 너와 나의 차별심이 없으니 다툼도 없고 시비도 없어 모든 중생들을 대자비로 이익 되게 하는 마음뿐이다. 유연히 조복받아 원한의 마음이 없으며, 번뇌를 여의고 청정하며, 싫어하고 게으른 마음이 없이 평등한 마음, 수승한 마음, 깊은 마음, 안정된 마음, 법을 사랑하고 법을 즐기며 법을 기뻐하는 마음뿐이다. 모든 번뇌를 없애 나쁜 길에 떨어진다는 마음을 여의고 모든 보살들이 행한 바를 닦았느니라.

그들은 한량없는 공덕을 구족하고 성취한다. 깊은 선정과 여러 가지 육신통과 삼명과 지혜를 얻고, 뜻은 칠각에 머물러 마음은 부처님 법을 닦는다. 육안은 맑고 투명해 분명히 알아보지 못함이 없고, 천안을 통달하여 한량이 없으며, 법안으로 모든 법을 관찰하여 궁구하고, 혜안은 진리를 보고 능히 피안에 이르고, 불안을 구족하여 법의 성품을 깨달았다. 걸림 없는 지혜를 가지고 사람들을 위하여 연설하시느니라.

평등하여 삼계는 본래 공하여 있는 바가 없다고 관찰하여 부처님 법을 구하고 여러 가지 변재를 갖추어 중생들의 번뇌의 병을 없애고, 여래로부터 생긴 법은 여여임을 알고, 능히 번뇌를 없애는 음성의 방편을 알아 세속의 말을 좋아하지 않고 정법의 진리만을 즐기느니라. 여러 가지 선의 근본을 닦아 마음은 항상 부처님의 도를 숭상하며, 모든 법은 다 적멸임을 깨달아 육신과 번뇌의 두 가지를 다 없애며, 심오한 법을 듣고 마음에 의혹과 두려움이 없이 항상 능히 수행한다. 이 대자비는 깊고 심오하고 미묘하여 중생을 감싸고 덮지 않음이 없느니라.

　일승법을 끝까지 밝혀서 피안에 이르고, 의혹의 그물을 끊었으니 지혜는 마음에서 우러나서 부처님의 가르침을 다 갖추어 남김없이 알고 있다. 지혜는 큰 바다와 같고, 삼매는 수미산과 같으며, 지혜 광명은 청정하여 해와 달보다 밝아 깨끗하고 청정한 법을 원만히 구족하였느니라. 설산과 같아 모든 공덕을 평등하게 비추고 대지와 같아 깨끗하고 더럽고 좋고 나쁘고의 차별심이 없으며, 깨끗한 물과 같아 번뇌의 여러 가지 때를 씻어 내고, 타오르는 불길과 같아 모든 번뇌의 섶을 태워 없애며, 태풍과 같아 모든 세계에서 일어나는 모든 장애를 없애고, 허공과 같아 모든 것에 있어 집착이 없으며, 연꽃과 같아 세간에 있어도 물들지 않고, 대승과 같아 모든 중생을 태우고 생사를 빠져나가며, 구름과 같아 법의 뇌성으로 깨닫지 못한 사람을 깨닫게 하고, 큰 비와 같이 감로의 비를 내려 중생들을 윤택하게 하며, 금강산과 같아 여러 마군과 외도가 움직여도 움직이지 않고, 범천왕과 같아 모든 착한 법 가운데 가장 으뜸이 되며, 니구류나무와 같아 널리 모든 것을 덮고, 우담발화와 같아 희유하여 만나기 어려우며, 금시조와 같아 위신력으로 외도를 항복받고, 날아다니는 새와 같아 저장하고 쌓아두는 것이 없으며, 황소와 같아 모든 것을 이기고, 코끼리와 같아 능히 조복시키며, 사자와 같아서 두려울 바가 없고, 광대한 허공과 같아 대자비가 평등한 까닭이니라.

질투하는 마음을 끊어버렸기에 이기려고 하지 않고, 시기하지 않는 까닭에 오로지 법

을 즐거이 구하여 마음에 싫어하고 만족하
는 일이 없이 항상 널리 설법하는 데 피로하
고 게으름이 없다. 법의 북을 치고, 법의 깃
발을 세우며, 지혜의 광명을 비추어 어리석
은 어둠을 제거하고, 육화경을 닦아서 언제
나 법을 베풀고, 용맹하게 정진하여 마음에
물러나려는 나약한 생각이 없느니라. 세상
의 등불이 되어 가장 수승한 복밭이 되고 언
제나 평등하게 인도하는 스승이 되어 사랑하
고 미워하는 차별이 없으며, 다만 바른 진리
를 즐기고 다른 가르침에 대한 기쁨이나 근
심의 마음을 일으키지 않는다. 모든 탐욕을
뽑아내서 중생을 편안하게 하기 때문에 공덕
과 지혜의 수승함을 존경하지 않을 수 없느
니라. 세 가지 때(三毒)의 장애를 없애고, 온
갖 신통에 자재하며, 인력因力, 연력緣力, 의

력意力, 원력願力, 방편력方便力, 상력常力, 선력善力, 정력定力, 혜력慧力, 다문력多聞力, 보시, 지계, 인욕, 정진, 선정, 지혜의 힘, 정념, 정관, 육신통, 삼명의 힘과 법답게 모든 중생을 조복 받는 힘 등 이와 같은 힘을 모두 구족하느니라.

　몸의 빛과 상호와 공덕과 변재를 구족하여 장엄함이 어느 누구와도 비교할 수 없으며, 한량없는 모든 부처님을 공경하고 공양하여 항상 모든 부처님들로부터 칭찬을 받는다. 그리고 보살들은 모든 바라밀을 끝까지 수행하여 공삼매, 무상삼매, 무원삼매와 불생불멸삼매 등 모든 삼매를 닦아서 성문과 연각의 지위를 멀리 여의었다. 아난아, 저 모든 보살들은 이와 같은 한량없는 공덕을 성취하였느니라. 나는 다만 그대를 위하여 간략히 이것을 설할 뿐, 만약 자세히 말한다면 백천만겁의 세월 동안 말해도 다할 수 없느니라."

제5절 정토왕생을 권함

부처님께서 미륵보살과 천인 등 여러 대중에게 말씀하셨다.

"무량수 국토의 성문과 보살들의 공덕과 지혜는 다 말할 수 없으며, 그 국토가 미묘하고 안락하며 청정한 것은 지금까지 말한 것과 같다. 어찌 힘써 선을 닦지 않겠는가! 도를 생각하면 자연히 나타남이 높고 낮은 차별이 없고 한없는 것을 통달하니, 모름지기 다 제각기 부지런히 노력하고 정진하여 스스로 그것을 구해야 한다. 그러면 반드시 바로 안락국에 왕생하여 오악취를 여의고 도에 오름이 다함이 없느니라. 가기 쉬운데 가는 사람이 없구나. 그 국토에 가는 것은 거슬리고 어긋남 없이 자연히 왕생하게 되거늘, 어찌하여 세상의 일을 버리고 도의 덕을 구하지 않는가? 극락세계에 태어나면 오래 사는 즐거움이 다함이 없느니라."

제5장 세간업의 고통

제1절 번뇌에 괴로워하는 세간

"그러나 세상 사람들은 저속하여 중요하지 않은 일로 서로 다툰다. 이들은 모진 죄악과 심한 고통 속에서 몸을 위하여 스스로 허덕이고 있다. 신분이 존귀하거나 천하거나, 가난하거나 부자이거나, 젊었거나 늙었거나, 남자나 여자 할 것 없이 돈과 재물이 있고 없고 관계없이 모두 이것에 대하여 애를 쓰고 시름하는 것은 다 같다. 두려워하고, 불안하고, 근심하고, 고통스러운 생각을 거듭 쌓아 마음으로 헛되게 욕심을 부려 편안할 때가 없다. 밭이 있으면 밭을 걱정하고, 집이 있으면 집을 걱정하며, 소, 말 등 여섯 가지 축생과 노비, 금전, 의복, 음식 등 모든 물건을 걱정하고 생각을 거듭하며, 한탄을 거듭하여 근심하고 두려워한다. 뜻밖에 재물이 수재에 떠내려가고, 화재에 불타고, 도적에게 강탈당하고, 빚쟁이에게 빼앗겨서 마음은 답답하고 분하여 안정되지 않아 풀릴 날이 없으며, 분한 마음이 맺혀 근심의 번뇌를 여의지 못한다. 마음을 굳게 하고 뜻을 굳게 세워 재물을 지키지만 버리지 않을 수 없으며, 혹은 원한에 의해서 몸이 망가지고 목숨이 다하게 되면 모든 것을 버리고 간다. 그 어느 것도 따라 오는 것 없고, 존귀한 사람이나 부귀한 사람도 이러한 걱정이 있느니라. 이와 같은 근심과 고통이 끝이 없으니, 마치 춥고 더움이 있는 고통과 같으니라.

가난하고 천한 사람은 궁색하여 항상 가진 것이 없어 밭이 없으면 걱정하여 밭을 가지려고 하고, 소, 말 등 여섯 가지 축생과 노비, 돈, 옷, 음식, 가구 등이 없으면 걱정하여 이것을 가지려고 하며, 가끔 한 가지가 있으면 또 한 가지가 부족하고, 이것이 있으면 저것이 부족하여 평등하게 다 있기를 생각하며, 어쩌다 바라는 것이 생겨도 곧 다시 없어진다. 이와 같이 근심하고 괴롭게 구하여 찾아도 얻을 시기가 없고, 생각해도 아무런 이익이 없으며, 몸과 마음이 지치고 피곤하여 앉고 일어남에 편안하지 않는 근심이 끊이지 않아 고통스러운 것이 춥고 더운 데 있는 고통과 같으니라. 어느 때에는 이것에 의해 몸을 상하고 목숨을 잃으며 선이 되는 도를 조금도 행하지 않고 덕을 닦지도 않아 목숨을 마칠 때에는 마땅히 혼자 가야 한다. 가는 길이 정해져 있지만 선의 길인지 악의 길인지 잘 모르고 가느니라.

세상 사람들 가운데 부모와 자식, 형제, 부부, 가족, 일가, 친척 간에는 마땅히 서로 공경하고 사랑해야 하며 미워하고 시기하지 말지니, 있든 없든 서로 도와서 탐하고 아끼지 말며, 말과 얼굴은 항상 부드럽게 하여 서로 다투지 말아야 한다. 어떤 때에 다투어서 화나고 분한 마음이 있어 금생에는 미워하는 뜻이 적지만, 서로 미워하고 시기하면 다음 생에는 더욱더 심해져 큰 원수가 된다. 어찌

하여 그런가 하면, 세상의 일이란 서로서로 미워하고 괴롭혀도 바로 서로 사이가 깨지지 않지만, 독을 품고 노여움을 쌓으니 분한 정신이 맺혀 자연히 깊이 새겨져 여의지 못하기 때문에 마땅히 다시 태어나 서로 보복하게 된다. 인간은 세간의 애욕 속에서 혼자 살고, 혼자 죽고, 혼자 가고 오며, 자기가 지은 고통과 즐거움은 자기 스스로 감당할 뿐 대신할 사람이 없느니라. 선과 악의 변화인 재앙과 복의 과보는 달리하여 미리 엄격하게 정해져 기다리고 있으니 혼자 가야 한다. 멀리 다른 곳에 가면 능히 볼 수 없으니, 이는 선·악의 행위의 결과로 자연히 태어나는 것이니라.

서로 다른 곳으로 영원히 이별하여 길이 각기 달라 만날 기약이 없나니, 다시 만나는 것은 너무도 어려우니라. 어찌하여 속세의 어지러운 일을 버리고 제각기 건강한 때에 힘써 선을 닦고 정진하여 고해를 건너려 원하지 않고, 오래 사는 생명을 얻으려고도 하지 않으며, 도를 구하려고 하지 않는가? 도대체 무엇을 기대하고, 어떠한 즐거움을 바라는가?

이와 같이 세상 사람들은 선을 지어 선을 얻고 도를 닦아 도를 얻는 것을 믿지 않고, 또 사람이 죽으면 다시 태어나고 은혜를 베풀면 복을 받는다는 것을 믿지 않으며, 선과 악의 엄연한 사실을 믿지 않고, 모든 것을 그렇지 않다고 말하여 하나도 바르게 행하는 것이 없다. 이렇기 때문에 잘못된 견해를 서로서로 보고 배워 앞사람이 하는 짓을 뒷사람도 똑같이 하여, 서로 이어받는 것을 부모의 도리로 안다. 선인인 조상들이 모두 선을 닦지 않고 도덕을 알지 못하여 몸은 어리석고 정신은 어두워서 마음은 막히고 생각은 옹졸하여 죽고 태어나는 것이 선과 악의 과보의 도리인 줄 알 수도 없었고 말하여 줄 사람도 없었느니라. 좋고 나쁘고, 재앙과 복은 지은 대로 받는 것이니 하나도 이상할 것이 없다. 죽고 사는 법칙은 언제나 변함없는 도리로서 이어가는 것이다. 어떤 부모는 자식을 잃고 울고, 어떤 자식은 부모를 잃고 울며, 형제, 부부간에 서로서로 울며 슬퍼한다. 위아래가 전도되는 것은 무상의 근본이라, 모든 것은 참으로 빨리 지나가 보전할 수 없는 것을 가르쳐 깨닫게 하나, 믿는 사람이 적어 이것으로 인해 끊임없이 생사에 윤회하느니라.

이러한 사람은 어리석어 삿된 견해로 경의 법문을 믿지 않고 마음은 멀리 내다보는 것이 없이 각자의 쾌락만을 바라고 있느니라. 어리석게 애욕에 미혹되어 도덕을 깨닫지 못하고 미움과 분노에 빠져 굶주린 이리처럼 재물과 이성 관계를 탐하느니라. 이것에 의하여 도를 얻지 못하고 악도에 떨어져 생사의 고통이 끝이 없나니 불쌍하고 심히 가련하구나. 어떤 때에는 한 가족의 부자, 형제, 부부 중에 한 사람은 죽고 한 사람은 살아 슬퍼하며 은혜와 사랑을 사모하는 것이 가슴에 맺혀 마음이 아프고 번갈아 돌아보며 그리워함이 날이 가고 해가 가도 풀리지 않는다. 진리의 길을 가르쳐 주어도 마음이 닫혀 밝지 않아 죽은 사람의 은혜와 좋은 것만 생각한다. 애정의 욕심을 여의지 못하여 혼미하고 답답하며, 또 어리석은 미혹에 덮이게 되고, 깊이 생각해 유심히 헤아리지도 못하며, 마음을 스스로 단정히 하여 오로지 정진하여 도를 행하지 못하고, 세상의 일을 결단할 수 없어 이럭저럭 죽음에 이르면 도를 얻을 수 없으니 어찌할 수 없느니라.

세상은 혼탁하고 어지러워 모두 애욕을 탐하여 길을 헤매는 사람은 많고, 이것을 깨달은 사람은 적다. 세간의 일이란 부질없이 바쁘고 의지하고 부탁해야 할 것이 없느니라. 존귀한 사람, 천한 사람, 윗사람, 아랫사람, 가난한 사람, 부자 등 모두 한결같이 고통스럽게 애쓰다가 이해관계로 각기 살기가 있는 독을 품고, 이 악한 기분이 마침내 도리에 어긋나 재앙(事)을 일으킨다. 하늘과 땅의 도리를 거역하고 사람의 마음을 따르지 않기에 자연히 그릇된 악을 먼저 따르고 한패가 되어 방자한 행동을 하여 극악한 죄업이 기다릴 뿐이다. 그 수명이 미처 다하기도 전에 문득 목숨을 빼앗겨 악도에 떨어져서 여러 생에 쓰라린 괴로움을 받느니라. 그런 중에 돌고 돌아 수천억겁 동안 지나도 벗어날 기약이 없나니, 이런 고통은 말할 수 없을 정도로 심하여 가련할 뿐이니라."

부처님께서 미륵보살과 모든 천인들에게 말씀하셨다.

"나는 지금 그대들에게 세상의 일을 말하였느니라. 세상 사람들은 그와 같은 일을 하고 있기 때문에 도를 얻지 못하나니, 마땅히 곰곰이 생각하여 모든 악을 멀리 여의고, 그 선한 것을 선택하여 힘써 행하라. 애욕과 영화는 항상 보전할 수 없고, 세속의 일은 즐거운 것이 없나니 모두 마땅히 여의어야 하느니라. 다행히 부처님이 세상에 계시니 부지런히 정진하여 지극한 마음으로 안락국에 태어나려고 원한 사람은 지혜를 밝게 통달하고 공덕이 수승한 것을 얻게 될 것이다. 마음이 하고자 하는 바를 좇고, 부처님의 말씀을 등지고, 사람의 뒤에 처져서는 안 된다. 만약 의심이 있고 법문을 알지 못하면 서슴없이 부처님께 여쭈어라. 마땅히 위하여 말해 주리라.”

미륵보살이 무릎을 꿇고 부처님께 사뢰었다.

“부처님께서는 위신력이 존귀하시고 말씀하신 바는 거룩하십니다. 부처님의 법문을 들으면 마음에 사무치나이다. 이것을 생각함에 세상 사람들은 실로 그러하여 부처님께서 말씀하신 바와 같습니다. 지금 부처님께서 자비로 대도를 밝혀 주시니, 귀와 눈이 밝게 열리어 영원한 구제를 얻게 되었나이다. 부처님께서 말씀하신 바를 듣고 기뻐하지 않을 수 없나이다. 모든 천인, 인간, 미물, 곤충에 이르기까지 모두 자비로운 은혜를 입고 근심과 고통에서 벗어날 수 있나이다. 부처님의 교훈은 심히 깊고 좋습니다. 지혜의 광명은 밝아 팔방, 상하, 과거, 현재, 미래의 것을 살피지 못하시는 것이 없나이다. 이제 저희들이 제도를 받게 된 것은 모두 부처님께서 도를 구하시기 위하여 겸허하게 고행을 하신 덕이옵니다. 은혜의 덕은 널리 덮고 복과 덕은 태산보다 높으십니다. 광명은 사무치게 밝아 공의 도리를 통달하시어 열반에 들게 하시고, 경전을 가르치시며, 위엄으로 제압해 교화하시는 등 시방세계를 감동시키는 것은 다함이 없나이다. 부처님께서는 진리의 왕이시고 존귀하심은 모든 성인보다 뛰어나시어 널리 모든 천인의 스승이 되시고, 마음의 원한 바에 따라 다 진리를 얻게 하십니다. 이제 부처님을 만나 뵈옵고 무량수 부처님의 명호를 들었으니 기쁘지 않을 수 없고, 마음이 열리고 광명을 얻었습니다."

부처님께서 미륵보살에게 말씀하셨다.

"그대가 말한 것이 옳다. 만약 부처님을 공경하는 사람은 실로 큰 선근이 된다. 천하에 부처님의 출현이 희유한데 지금 부처님이 계신다. 이제 내가 이 세상에서 부처가 되어 진리를 강설하고 법문을 설하여 모든 의문의 그물을 끊고 애욕의 근본을 뽑아 모든 악의 근원을 막았으니, 삼계에 다녀도 걸림이 없다. 경전의 지혜는 모든 도 가운데 요긴한 것이고 이 중요한 것은 소상하고 분명한 것이다. 다섯 나쁜 경계를 열어 보여 아직 제도하지 못한 사람을 제도하여 생사의 고해로부터 열반의 도에 인도하고자 한다. 미륵이여, 마땅히 알라. 그대는 헤아릴 수 없는 겁부터 보살의 행을 닦아서 중생을 제도하고자 한 것이 이미 오래되었나니, 그대를 따라서 도를 얻고 열반에 이른 사람의 수는 헤아릴 수 없을 것이다. 너를 비롯하여 시방의 모든 천인과 사람들 등 모든 사중四衆이 오랜 세월부터 지금에 이르기까지 다섯 나쁜 길로 헤매면서 근심하고 두려워하며 고통스러운 것은 이루 말할 수 없나니, 금생에 이르기까지 끊임없이 생사의 되풀이를 해온 것이다. 부처님을 만나서 법문을 듣고 또 무량수불에 대해서 들었으니 어찌 기쁘지 않고 좋지 않겠는가.

나는 그대를 도와서 기쁨을 주고자 하느니라. 그대는 이제 스스로 생로병사의 고통을 싫어해야 한다. 악은 더러우며 기쁠 것이 없나니, 모름지기 스스로 결단하여 몸을 단정히 하고 행동을 바르게 해서 더욱더 모든 선을 닦도록 하여라. 자기를 다스려 몸을 깨끗이 하며 마음의 때를 제거하고, 말과 행동을 충실히 하여 안과 밖이 서로 일치하게 하라. 다른 사람을 제도하려면 너 스스로를 제도한 후 더욱더 남을 제도하며, 밝은 정신으로 구하고 원해서 선의 근본을 쌓으면 한 세상의 수고로움은 한순간이지만, 내생에 무량수 부처님 국토에 태어나 즐거움을 받는 것은 한이 없으며, 더욱이 진리의 덕을 밝히고 얻어 영원히 생사의 근본을 뽑아 탐진치로 인한 고통과 번민의 근심을 없애게 하느니라. 일겁, 백겁, 천만억겁 동안 살려고 하면 자유자재로 뜻을 따라 다 얻으며, 자연히 무위의 도를 얻어 열반의 도에 이를 수 있으니, 그대들은 모름지기 각각 정진하여 마음에 원하는 바를 구해야 하느니라. 의심하여 도중에 그만두면 스스로 허물이 되어 저(정토) 변두리의 칠보궁전에 태어나 오백 세 동안 여러 가지 액난을 받느니라."

미륵보살이 부처님께 사뢰기를,

"부처님의 간곡하신 가르침을 받자오니 오로지 정성을 다하여 닦고 배워서 가르침대로 받들어 행하고 결코 의심하지 않겠사옵니다."

제2절 오악으로 괴로워하는 세간

부처님께서 미륵보살에게 이르시기를,

"너희들이 능히 이 세상에서 마음을 단정

히 하고 생각을 바르게 하여 모든 악을 짓지 않으면 훌륭한 공덕이 된다. 또한 시방세계에서 가장 뛰어나 짝할 이가 없다. 이러한 이유는 그 불국토의 천인들이 자연히 선을 행하고 악을 짓지 않으니, 그들을 교화하기가 지극히 쉽기 때문이다. 이제 내가 이 세상에서 부처가 되어 현재의 다섯 가지 악과 다섯 가지 고통, 미래의 다섯 가지 고통 가운데 있는 것은 심한 고통이지만 이를 참고 견디는 것은 중생들을 교화하여 다섯 가지 악을 버리게 하고, 현세의 다섯 가지 고통을 받지 않게 하며, 미래의 다섯 가지 고통을 여의게 하고, 사람들의 마음을 인도하여 다섯 가지 선을 닦아서 복덕과 구원, 그리고 천수와 열반의 도를 얻게 하기 위해서이다."

부처님께서 이어서 말씀하시기를,

"어떤 것이 다섯 가지 악, 다섯 가지 현세의 고통, 미래의 다섯 가지 고통인가? 어떻게 하면 다섯 가지 악을 버리고 다섯 가지 선을 닦아 복덕, 구원, 장수, 열반의 도를 얻게 되는지를 말하리라."

부처님께서 말씀하셨다.

"그 첫째 악이란, 모든 천인과 사람, 곤충, 미물 등은 여러 가지 악을 지으려고 한다. 강한 자는 약한 자를 누르며, 더욱이 서로 해치고 죽이고 잡아먹고 먹히니, 이와 같지 않은 것은 하나도 없다. 착한 일을 할 줄 모르고 극악무도하여 후세에 재앙과 벌을 받아 자연히 악도에 떨어진다. 신명은 기록하여 죄를 지은 자를 용서하지 않나니, 그러므로 가난한 사람, 천한 사람, 거지와 고독한 사람, 귀머거리, 장님, 벙어리, 바보, 포악한 사람, 미치광이, 병신 등이 있는 것이다. 한편 존귀한 사람, 부자, 지혜가 밝은 사람이 있는데, 이들은 모두 전생에 자비롭고 효도하며 선을 닦고 덕을 쌓았기 때문이다. 이 세상에서는 인간이 지켜야 할 도리인 국법이 있고, 이 국법에 의해 두려운 감옥이 있다. 행동을 삼가지 않고 악을 행해 죄를 지으면 감옥에 들어가 벌을 받고 아무리 벗어나기를 구해도 벗어나기 어려운 것은 이 세상에 흔히 있는 일이고, 목숨을 마친 후 내생에서 받는 과보는 더욱 고통스럽고 험난하니라.

저승에 가면 몸을 받아 다시 태어나는데, 이 세상에 비유하면 법에 의하여 무거운 형벌을 받는 것과 같다. 그래서 자연히 삼악도의 한량없는 고통을 받는 것이니 몸을 바꾸기도 하고, 형상을 바꾸기도 하고, 길을 바꾸기도 하며, 받은 바 수명은 길기도 짧기도 하고, 정신은 자연히 이에 따라 혼자 태어나기도 하고, 서로 같이 태어나기도 하여 서로 보복함이 끊임이 없고, 재앙의 악이 다하기 전에는 서로 여의려고 해도 여읠 수 없으며, 윤회의 굴레를 벗을 기약이 없고, 해탈을 얻기 어려우니 이 고통은 이루 말할 수 없느니라. 하늘과 땅에 자연히 이러한 도리가 있나니, 즉시에 과보를 받지 않는다 해도 선과 악의 업보는 반드시 받고 만다. 그래서 이것은 첫 번째의 큰 죄악이며, 현세에 받는 큰 고통이고, 다음 생에 받는 큰 과보이니, 이 같은 고통을 비유하면 맹렬히 타오르는 불길 속에 사람의 몸을 태우는 것과 같으니라. 이 세상에서 사람이 일심으로 삼가고 몸을 단정히 하고 행동을 바르게 하여 스스로 모든 선을 짓고 모든 악을 범하지 않으면 몸은 제도되고 복덕, 구원, 천수, 열반의 도를 얻게 되나니, 이것이 첫 번째 큰 선이니라."

부처님께서 두 번째 악에 대해서 말씀하셨다.

"세상 사람들은 부모 자식이나 형제 간, 부부, 가족들 사이에 거의 의리가 없고, 법도를 따르지 않으며, 사치, 음란, 교만, 방종하여 제각기 쾌락만을 추구하며, 마음 내키는 대로 행동하여 서로 속이고, 마음과 말은 각각 달라 말과 생각이 참되지 않으며, 간사하고 아첨하여 진실하지 않고, 말을 교묘하게 하여 아첨하고 알랑거리며, 어진 사람을 시기하고 착한 사람을 비방하며, 삿된 도에 들어간다. 또 임금은 밝은 안목이 없이 신하를 등용하므로 신하는 마음대로 사람을 속이고 임금에게는 간사한 말과 여자로 매수하여 속이느니라. 임금의 자리에 있어도 바름을 알지 못하기 때문에 속임을 당하니, 이것은 자못 충성스러운 신하를 잃고, 천심을 위반하는 것이다. 신하는 임금을 속이고, 자식은 부모를 속이며, 형제, 부부, 친척, 벗들 사이에 서로 속이며, 각기 탐욕, 노여움, 어리석음을 품어 자신만을 위하여 많이 가지려고 욕심을 부린다. 이것은 높은 사람, 천한 사람, 윗사람, 아랫사람의 마음이 다 같아 마침내 집을 망치고, 몸을 망치며, 앞과 뒤를 돌아보지 않고, 내외 가족이 이것에 의하여 망하고 만다. 어떤 때는 가족, 친구, 마을 사람 중 어리석은 사람들이 일을 도모하는 데 이해관계로 서로 미워하고 원한을 맺는다. 부자이면서도 아끼고 베풀지 않으며, 보배를 좋아해 더욱 욕심내니 마음은 고달프고 몸은 아프다. 그러다가 마지막에는 의탁할 곳이 없다.

혼자 와서 혼자 가는데 하나도 따라올 것이 없느니라. 선과 악, 재앙과 복은 목숨을 따라 생기나니 혹은 안락한 복을 받고, 혹은 고통을 받으면서 뒤에 뉘우쳐도 참으로 어찌 할 수 없다. 세상 사람들의 마음은 어리석고 지혜는 적어 선을 보고 미워하며 비방하여 그 착함을 생각하고 따르려고 생각하지 않으며, 다만 악한 짓을 하려고 하여 법을 어기는 잘못을 저지르고 항상 도둑의 마음을 품고 다른 사람의 이익을 부러워하며 얻은 재물을 낭비하고 다시 애써 구한다. 삿된 마음이 있어 바르지 않기 때문에 다른 사람을 두려워 하고, 미리 헤아리는 생각이 없어 일을 당해서는 후회한다. 금생에는 국법에 의해 감옥이 있어 죄에 따라서 벌을 받고, 전생에 도덕을 믿지 않고 선의 근본을 닦지 않음에 의해서 금생에 또 죄를 짓는다. 천신은 죄를 기억하여 명부에 기록하며 목숨이 마칠 때에 영혼은 악도에 떨어지고, 그리하여 삼악도에서 자연히 한량없는 고통을 받고, 그 가운데 돌고 돌아 세세생생에 벗어날 기약이 없고 해탈을 얻기 어려우니, 이 고통은 이루 말할 수 없느니라. 이것이 두 번째의 큰 악이고, 금생에 받는 큰 고통이며, 다음 생에 받는 큰 과보이니, 이 같은 고통을 비유하면 큰 불길 속에 사람의 몸을 태우는 것과 같다. 이 세상 사람들 가운데 능히 일심으로 생각을 제압하고, 몸을 단정히 하고 행동을 바르게 하여 홀로 모든 선을 닦고 모든 악을 범하지 않는다면 몸은 생사의 바다를 건널 수 있고 복덕과 구원, 천수와 열반의 도를 얻게 되나니, 이것이 두 번째 큰 선이니라."

부처님께서 말씀하셨다.

"이 세 번째 악이란, 세상 사람들은 서로 의지하고 도우면서 함께 모여서 하늘과 땅 사이에서 살고 있는데 그동안 누리는 수명은 얼마 되지 않는다. 위로는 현명한 사람, 덕이 있는 사람, 존귀한 사람, 부귀한 사람이 있고, 아래로는 가난한 사람, 천한 사람, 불구자나 어리석은 사람이 있는데 그중에 착하지 못한 사람이 있어 항상 삿된 악을 품고 애욕의 번뇌가 가슴속에 가득 차서 애욕의 어지러운 생각으로 앉으나 서나 편안하지 않고 탐하는 생각으로 질투하여 부질없이 얻으려고 한다. 이성에 눈독이 들어 삿된 태도로 방자하게 놀아 자기 부인을 싫어하고 미워하며 남모르게 도리에 어긋나게 다른 여자 집을

출입하면서 재산을 낭비하고 법도를 어기느니라. 또한 모임을 만들어 서로 싸우고 때리고 찌르고 해서 도에 어긋나게 강탈하며, 악한 마음밖에 없어 스스로 선업을 닦지 않고 도둑질이나 사기로 조금의 이익을 보면 욕심은 더해서 다른 이를 협박하고 두렵게 하는 짓을 일삼고 자기 처자만을 양육한다. 방자한 마음과 즐기려는 생각을 가지고 항상 즐기기만 하여 친족이나 위아래를 가리지 않고 부질없는 짓을 하여 가족 모두를 걱정시키고 괴롭게 한다.

또 국법으로 금한 법을 두려워하지 않는 등 이러한 것은 사람이나 귀신에게 알려지고, 해와 달이 비춰보며, 신명이 기록한다. 이런 까닭에 자연히 삼악도에 떨어져 한량없는 고뇌를 받고 그 가운데 돌고 돌아 세세생생에 나올 기약이 없고 해탈을 얻기 어려우니, 이 고통은 이루 다 말할 수 없다. 이것이 세 번째 큰 악이고, 현세에 받는 큰 고통이며, 다음 생에 받을 큰 과보이니, 이와 같은 고통을 비유하면 큰 불길 속에 사람의 몸을 태우는 것과 같다. 이 세상 가운데 사람이 능히 일심으로 생각을 제압하고, 몸을 단정히 하며, 행동을 바르게 하여 홀로 모든 선을 닦고, 모든 악을 범하지 않으면 몸은 제도되고 복덕과 구원, 천수와 열반의 도를 얻나니, 이것이 세 번째 큰 선이니라."

부처님께서 말씀하셨다.

"그 네 번째 악이란, 세상 사람들은 선을 닦으려고 생각하지 않고, 더욱더 보고 듣고 하여 여러 가지 악을 범하며, 이간질하고 욕하며 거짓말하고 아첨하는 말을 하며, 서로 비방하며, 마음이 어지럽고, 착한 사람을 미워하고 시기하며, 현명한 사람을 무너뜨리고, 부부만이 즐기고 부모를 섬기지 않으며, 스승과 어른을 소홀히 하고, 친구에게 신의가 없어 성실하지 않는다. 존귀한 자리에 오르면 자기만이 도리를 안다 하고 함부로 위세를 부리어 남을 업신여기고, 자신을 알지 못하고 악을 짓고도 부끄러운 줄 모르며, 스스로 강한 것을 내세워 남에게 공경과 어렵게 대한 것을 받고자 한다. 천지신명과 해와 달을 두려워하지 않고 굳이 선을 닦지 않으므로 제도하기가 어려우며, 스스로 건방져서 항상 위와 같이 하므로 근심과 두려움과 교만한 마음을 품고 있다. 이와 같이 여러 가지 악은 천신이 알고 기록하느니라. 그러나 전생에 얼마간의 복덕을 짓는 것에 의해 작은 선으로 부지하고 보호되지만, 금생에 악을 지어 복덕을 다 소모해 버리면 모든 착한 귀신이 다함께 그 사람을 떠나고 마는 것이니, 몸은 홀로 남아 의지할 곳이 없게 되고, 수명이 마치면 모든 악업이 돌아와 자연히 이 악업에 이끌려 가느니라. 또 이것이 천지신명에게 기록되어 재앙과 허물에 의해 끌려가나니 죄의 과보는 버리고 여읠 수가 없다.

　전생에 지었던 악행에 의해 불가마에 들어가서 몸과 마음이 꺾이고 부서져 괴로운 마음뿐이니, 이때에 후회해도 어찌할 수 없다. 하늘의 도리는 어긋남이 없는 까닭에 자연히 삼악도에 떨어져 한없는 고통을 받고 그 가운데 돌고 돌아 세세생생 나올 기약이 없고 해탈을 얻기 어려우니, 이 고통은 이루 다 말할 수 없느니라. 이것이 네 번째 큰 악이고, 금생에 받는 큰 고통이며, 다음 생에 받는 큰 과보로, 이 같은 괴로움을 비유하면 큰 불길 속에 사람의 몸을 태우는 것과 같다. 이 세상 가운데 사람이 있어 일심으로 생각을 제압하고, 몸을 단정히 하며, 행동을 바르게 하며, 홀로 모든 선을 닦고 여러 가지 악을 범하지 않으면 몸은 제도되고 복덕, 구원, 천수, 열반의 덕을 얻나니, 이것이 네 번째 큰 선이니라."

부처님께서 말씀하셨다.

"이 다섯 번째 악이란, 세상 사람들은 어슬렁거리며 게을러서 그다지 선을 닦지 않고, 몸을 다스리지 않으며, 일을 하지 않으므로 가족, 권속 등이 굶주리고 추워 떨며 빈궁하여 괴로워한다. 부모들이 가르쳐 충고하면 눈을 부릅뜨고 말대꾸하며, 부모의 가르침을 따르지 않고 거역하며 반역하느니라. 비유하면 원수와 같이 하여 자식이 없는 것만 같지 못하다. 술에 취하여 절약하지 않으니 대중이 다 꺼리고 싫어하며, 은혜를 배반하고, 의리를 저버리며, 보답하는 마음이 없으므로 빈궁하고 곤란해도 얻을 수가 없다. 삿된 짓을 하여 남의 이익을 횡령하고, 제멋대로 놀면서 소비하고 종종 장난기 있는 습관으로 흥청거리며 자기 생활을 지탱하려 한다. 술에 취하고 구미에 당긴 음식만을 먹으며, 음식에 절제가 없고 마음 내키는 대로 방탕하며, 어리석고 둔하여 반항하고 사람들 사정을 모르고 우격으로 남을 억누르려고 하며, 다른 사람이 선을 행함을 보고 미워하고 질투하고, 이를 싫어하고 의리도 예의도 없고 뉘우치려고 하지 않으면서 스스로 정당하다고 생각하니, 타일러 깨우쳐 줄 수 없느니라.

육친 권속들에게 도울 것이 있는지 없는지를 걱정하지 않으며, 부모의 은혜도 모르고, 스승과 친구의 의리도 없이 마음은 항상 악을 생각하고, 입으로는 항상 악을 말하며, 몸으로는 항상 악을 행동하여 일찍이 한 번도 선을 닦은 일이 없고, 성인과 모든 부처님의 법문을 믿지 않는다. 진리를 닦아 고통의 세계를 건널 수 있는 것을 믿지 않고, 또 죽은 후 영혼이 다시 태어남을 믿지 않으며, 선을 닦아 선을 얻고 악을 범해 죄를 받음을 믿지 않느니라.

참된 사람을 죽이려 하고 화합된 승가를 분열시키려고 하며, 부모, 형제, 권속 등을 해치려고 하니, 육친 권속이 그를 증오하여 차라리 죽기를 바란다. 이와 같이 세상 사람들의 마음은 다 그러하여 지극히 어리석고 우매하면서도 스스로 지혜가 있다고 한다. 그러나 인간의 태어남이 어디로부터 오고, 죽어 어디로 가는지 알지 못하고, 어질지 않고, 순종하지 않아 천지의 도리를 거스르면서도 그 가운데 요행을 바라고 오래 살려고 하지만, 반드시 죽음은 오고 마는 것이다. 자비의 마음으로 가르쳐 타일러 그로 하여금 선을 생각하게 하며, 생사와 선악에 대한 이치가 있는 것을 깨우치려 하나 굳이 이것을 믿으려 하지 않는다. 친밀하게 말하여 주지만 사람에게 아무런 이익이 없다. 그들의 마음은 꽉 막혀서 생각이 열리지 않나니, 수명이 다할 때를 당해서 뉘우치고 두려워하나 미리 선을 닦지 않아 마지막에 임해 후회한들 어찌할 도리가 없느니라. 천지 사이에 오도五道가 분명하며, 그 이치는 넓고 깊고 미묘하다. 선과 악의 과보에 응해 자기가 지은 업은 자기 스스로 그것을 받지 그 누가 대신할 사람이 없고, 자연의 이치에 따라 그 지은 바에 응해 죄와 벌이 목숨을 좇아 따라다니니 여윌 수 없느니라. 착한 사람은 선을 닦고 즐거움으로부터 더 즐거운 곳에 들어가고 지혜는 더욱 밝아지지만, 반면 나쁜 사람은 악을 범하여 괴로움은 더 심하고 어두움은 더 어두워지니라.

그 누가 이 이치를 잘 알고 있는가? 다만 홀로 부처님만이 알고 계실 뿐이다. 가르쳐 열어 보이나 믿는 사람은 적고, 생사는 쉴 사이가 없으며 악도는 끊임이 없느니라. 세상에 이런 사람들이 많아 다 말할 수 없다. 이 사람은 자연히 삼악도에 떨어져 한량없는 고통을 받고 그 가운데 돌고 돌아 세세생생에 나올 기약이 없고 해탈을 얻기 어려우니, 이러한 고통은 이루 다 말할 수 없다. 이것은 다섯 번째의 큰 악이며, 금생에 받는 큰 고통이며, 다음 생에 받는 큰 과보로, 이 같은 고통을 비유하면 사람의 몸을 큰 불길 속에 태우는 것과 같다. 이 세상 가운데 어떤 사람이 능히 일심으로 생각을 제압하고, 몸을 단정히 하며, 생각을 바르게 하여 말과 행동이 서로 일치되어 다르지 않으면서 홀로 모든 선을 닦고, 여러 가지 악을 범하지 않으면 몸은 제도되고 복덕, 구원, 천수, 열반의 덕을 얻나니, 이것이 다섯 번째 큰 선이니라."

부처님께서 미륵보살에게 말씀하셨다.

"내가 그대들에게 말한 이 세상의 다섯 가지 악의 지독한 고통은 이미 말한 것과 같다. 다섯 가지 현세의 고통, 미래의 다섯 가지 고통은 서로 원인과 결과가 되어 생기느니라. 이것은 다만 여러 가지 악을 짓고 선의 근본을 닦지 않아 모두 다 자연히 여러 갈래 악도에 떨어지게 된다. 혹은 금생에 우선 심한 병에 걸려 죽기를 원하나 죽지 못하고, 살기를 구하나 편히 살 수 없어 죄악의 과보를 받는 것을 사람들에게 보이게 된다. 몸이 죽으면 업에 따라 삼악도에 떨어져 한량없는 고통 속에서 스스로 서로 몸을 불태운다. 이것은 오래 지속되어 결국에는 원한을 맺게 되는데, 작고 가벼운 것부터 드디어 큰 악에 이르고 마니, 이것은 모두 재물과 애욕에 탐착하여 은혜를 베풀지 않은 것에 의해 비롯된 것이니라. 어리석어 욕망에 시달리고 마음 생각에 따라 번뇌로 결박되어 풀려날 수 없다. 자기는 많은 이익을 위해서 다투면서 반성하

지 않으며, 부귀하고 영화만 즐기면서 참을
줄 모르고 힘써 선을 닦지 않으므로 그 위세
는 얼마 가지 않아 없어지고 마느니라. 몸의
수고로운 고통은 더욱 심하게 되어 지독한
고통이 된다. 천지의 도리는 미치지 않는 곳
이 없나니, 자연히 지은 바가 낱낱이 드러나
고 윗사람 아랫사람 할 것 없이 다 자연히 그
업을 받느니라. 홀로 맥없이 마음이 어지러
워 말려들고 마는 것이니, 이것은 옛날이나
지금이나 똑같아 애처롭고 불쌍한 일이다."

부처님께서 미륵보살에게 말씀하셨다.

"세상이란 이와 같다. 부처님은 모두 이 사
람들을 불쌍히 여겨 위신력으로 여러 가지 악
을 꺾어 없애고 선으로 나아가게 하며, 생각
한 바를 버리고 경과 계행을 받들며, 도법을
수행하여 어긋남이 없이 하여 마침내 고통의

세계를 벗어나 열반의 도를 얻게 하리라."

부처님께서 다시 말씀하셨다.

"그대들 모든 천인과 사람과 후세의 사람들은 지금 내가 말하는 법을 가지고 유심히 이것을 생각하고 능히 그 가운데 있어서 마음을 단정히 하고 행동을 바르게 해야 한다. 높은 사람은 선을 닦아 아랫사람을 통솔하고 교화할지어다. 그리고 서로 경책하여 각각 스스로 바른 도를 지키고, 성인을 존중하고, 선을 숭상하며, 어질고 인자한 마음으로 널리 사랑하며, 부처님의 가르침을 감히 등지려고 하지 말라. 마땅히 고통의 세계를 벗어날 것을 구하고, 생사 등 여러 가지 악을 뽑아 끊으며 삼악도의 한량없는 근심, 두려움, 고통의 도를 여의어야 하느니라. 그대들은 이 세상에서 공덕의 근본을 심어야 하며, 은혜를 베풀고, 자비를 베풀며, 계행을 깨뜨리지 말고, 인욕과 정진, 그리고 선정과 지혜를 닦아 더욱더 교화하고 공덕을 짓고 선을 닦아라. 바른 마음과 바른 생각으로 계를 가지고, 청정함을 하루 밤낮으로 지키면 무량수 국토에서 백 년 동안 선을 닦는 것보다 수승하리라. 왜 그런가 하면, 저 불국토는 하염없이 자연스럽게 모두 여러 가지 선만을 쌓고 터럭만큼의 악은 짓지 않기 때문이다. 또 이 세상에서 다만 열흘 동안 선을 닦을 것 같으면 다른 세계 모든 불국토에서 천 년 동안 선을 닦는 것보다 수승하리라. 어찌하여 그런가 하면, 다른 세계에서는 선을 닦는 사람이 많고 악을 범하는 사람은 적어서 복덕은 자연히 있게 되고 악은 짓지 않는 국토이기 때문이다. 다만 이 세계만이 악이 많고 자연스러운 도리가 없느니라.

　이 세상은 심하게 괴롭고 구하려는 욕심을 부리고, 서로 속임으로 인해 마음은 고달프고 몸은 피곤한 것이 쓴 것을 먹고 독을 먹는 것과 같다. 이와 같은 괴로운 세상을 벗어나려고 바쁘게 서두르지만 아직 한 번도 편하게 쉬지 못하였느니라. 나는 그대 하늘 사람과 인간들을 불쌍히 여겨 간곡히 타이르고 가르쳐서 선을 닦게 하고 근기에 따라 인도하여 경의 법문을 설해 다 알게 하였다. 생각하는 바 원에 따라 도를 깨닫게 하고, 내가 돌아다니는 나라와 도시와 마을마다 모두 교화를 입지 않는 곳이 없다. 천하는 태평하고, 해와 달은 청명하며, 비가 오고 바람이 불어도 재난이 일어나지 않고, 나라는 풍요하고 백성들은 평온하며, 군인과 무기는 아무 소용이 없으며, 덕을 숭상하고 인자한 마음을 기르고 부지런히 예의와 겸손을 닦을 것이니라."

부처님께서 말씀하셨다.

"내가 그대들 하늘 사람과 인간들을 불쌍히 여기고 사랑하는 것은 부모가 자식을 생각하는 것보다 더욱 깊다. 이제 내가 이 세상에서 부처가 되어 다섯 가지 악을 항복받고, 다섯 가지 현세의 고통을 없애며, 다섯 가지 불길을 끊어 없애 버리며, 선으로 악을 다스리며, 생사의 고통을 빼고 다섯 가지 덕을 얻어 하염없이 편안함을 누리게 하느니라. 내가 세상을 떠난 후 경의 진리는 점점 멸하고 사람들은 서로 모함하고 속여서 여러 가지 악을 지어 다섯 가지 고통과 다섯 가지 불길은 이전과 같이 되나니, 이것이 오래될수록 더욱더 심하게 되는 것을 낱낱이 다 설할 수 없다. 내가 다만 그대들을 위하여 간략히 이 것을 말할 뿐이니라."

부처님께서 미륵보살에게 말씀하셨다.

"너희들은 각기 이것을 잘 생각하고 더욱 더 서로 깨우쳐 주며, 부처님이 말씀하신 경과 법문대로 행하고 악은 범하지 말라."

이때 미륵보살은 합장하고 부처님께 사뢰었다.

"부처님께서 말씀하신 바는 매우 간절하십니다. 세상 사람들은 실로 부처님의 말씀과 같습니다. 부처님께서는 크고 넓은 자비로써 불쌍히 여겨 모두 제도하여 주시오니, 부처님의 간절하신 말씀을 받아 결코 어기지 않겠나이다."

제6장 부처님의 지혜

제1절 아난의 아미타불 친견

부처님께서 아난에게 말씀하셨다.

"너는 일어나서 다시 가사를 단정히 하고 합장하고 공경히 무량수 부처님께 예배하여라. 시방세계의 모든 부처님은 항상 저 부처님의 무착무애를 찬양하고 칭찬하시느니라."

이때 아난은 일어나서 가사를 단정히 하고 몸을 바르게 하여 서쪽을 향해서 공경히 합장하고 오체를 땅에 대고 무량수 부처님께 예배하였다. 그리고 부처님께 사뢰었다.

"부처님이시여, 원하옵나니 저 무량수불의 안락세계와 모든 보살, 성문, 대중들을 뵈옵게 하여 주시옵소서."

이 말이 끝나자마자 바로 무량수불께서 대

광명을 놓아 널리 모든 부처님 세계를 비추시니 금강철위산, 수미산, 크고 작은 모든 산과 모든 것은 한 가지 색으로 되었다. 비유하면 겁수劫水의 세계에 물이 가득 차서 그 가운데 모든 만물이 잠겨 나타나지 않고, 넓고 망망한 큰 바다를 바라보는 것 같았다. 저 부처님의 광명도 이와 같아서 성문과 보살 등 모든 광명은 가려지고 다만 부처님의 광명만이 청정하게 빛나고 있음을 뵈올 수 있었다.

이때 아난이 친견한 무량수불의 근엄한 덕은, 우뚝 솟아 있는 수미산이 일체 모든 세계에서 높이 우뚝 솟아 있는 것과 같았다. 이 회상의 사부대중이 일시에 다 부처님을 뵙고 또 저 세계에서 이 세계를 보는 것도 그와 같았다.

제2절 태생 왕생

그때 부처님께서 아난과 자씨보살에게 말씀하셨다.

"그대들이 저 국토를 볼 때 땅으로부터 정거천에 이르기까지 그 가운데 있는 미묘하고 장엄한 자연의 물건을 다 보았느냐?"

아난이 대답하여 사뢰기를,

"네, 이미 다 보았습니다."

"그대들은 아미타불의 큰 소리가 모든 세계에 두루 퍼져 중생을 교화하심을 들었느냐?"

아난이 대답하여 사뢰기를,

"네, 이미 들었습니다."

"저 국토의 사람들이 백천 유순의 칠보궁전을 타고 장애 없이 널리 시방세계에 가서 모든 부처님께 공양 올림을 그대들은 보았느냐?"

대답하여 사뢰기를,

"이미 보았습니다."

"저 국토에 태로 태어나 왕생한 사람들을 보았는가?"

　대답하여 사뢰기를,

"이미 보았습니다."

"태로 태어난 사람들이 사는 궁전은 백 유순도 되고 또는 오백 유순이 되며, 각기 그 가운데서 모든 쾌락을 받는 것은 도리천에서 자연히 받는 것과 같으니라."

　이때 미륵보살이 부처님께 여쭙기를

"세존이시여, 무슨 인연으로 저 국토의 사람들에겐 태생과 화생이 있습니까?"

　부처님께서 자씨보살에게 일러 말씀하시기를,

"어떤 중생이 의심하는 마음을 가지고 모

든 공덕을 닦아 저 국토에 태어나기를 원하지만 그는 아직 불지, 부사의지, 불가칭지, 대승광지, 무등무륜최상승지를 깨닫지 못했기 때문이다. 이 모든 지혜를 의심하여 믿지 않았지만 아직 죄와 복을 믿고 선의 근본을 닦아서 저 국토에 태어나고자 원하였느니라. 이 모든 중생들이 저 궁전에 태어나면 수명이 오백 세까지 부처님을 친견할 수 없고, 경의 법문을 들을 수 없으며, 보살, 성문, 성중들을 뵈올 수 없기 때문에 저 국토에 사는 보살들을 태생이라 한다. 만약 중생이 분명히 불지로부터 승지까지를 믿고 모든 공덕을 지어 신심으로 회향하면 이 모든 중생은 칠보의 꽃 가운데 자연히 화생하여 가부좌하여 앉게 되며, 잠깐 사이에 모든 보살과 같이 구족한 몸의 상호, 광명, 지혜, 공덕을 성취하느니라."

제3절 왕생한 태생과 화생의 차이

"또 미륵보살이여, 타방 불국토의 모든 대보살이 발심하여 무량수불과 모든 보살과 성문들을 공경하고 공양하고자 하면, 저 보살들은 수명을 마치고 무량수 국토에 태어나 칠보 꽃 가운데 자연히 화생한다. 미륵이여, 잘 알아라. 저 화생한 사람은 지혜가 수승하기 때문이며, 저 태생한 사람은 지혜가 없기 때문에 오백 세 동안 항상 부처님을 뵐 수 없고, 경의 법문을 들을 수 없으며, 보살과 여러 성문들을 볼 수 없고, 부처님께 공양할 수 없으며, 보살행을 알지 못하기 때문에 공덕을 닦을 수가 없다. 마땅히 알아라. 이 사람은 숙세의 지혜가 없어 의심하였기 때문이다."

부처님께서 미륵보살에게 말씀하셨다.

"비유하면 전륜성왕에게는 따로 칠보궁전이 있는데 여러 가지로 장엄되어 있고, 자리가 깔려졌으며, 장막이 쳐져 있고, 모든 일산과 비단 깃발이 걸려 있다. 만약 왕자가 왕으로부터 죄를 받으면 곧 저 궁중에 들어가 금쇠사슬로 묶여 음식, 의복, 이부자리, 꽃, 향, 음악 등을 공급받는데, 이것은 전륜성왕과 같아 조금도 부족함이 없다. 너는 이것을 어떻게 생각하느냐. 이 왕자는 그래도 그곳에 있고 싶어 하겠는가?"

대답하여 아뢰기를,

"그렇지 않을 것이옵니다. 모든 방편과 모든 큰 힘을 구해서 스스로 빠져나오려고 할 것입니다."

부처님께서 미륵보살에게 말씀하셨다.

"이 모든 중생도 또한 이와 같아 부처님의 지혜를 의심한 까닭에 저 궁전에 태어나서 형벌 내지 악한 일도 받지 않지만, 다만 오백 세 동안 삼보를 뵙지 못하며, 부처님께 공양하여 모든 선을 닦을 수도 없느니라. 이것이 괴로움이 되어 다른 즐거움이 있어도 그것을 원하지 않는다. 만약 이 중생이 죄의 근본을 알아 깊이 스스로 참회하여 저곳을 여의려고 원하면 곧 뜻과 같이 무량수불이 계시는 곳에 가서 공경하고 공양을 올릴 수가 있다. 또 무량무수의 모든 불국토에 가서 모든 공덕을 닦을 수 있느니라. 미륵아, 마땅히 알아라. 어떤 보살이든지 의혹이 있는 사람은 큰 이익을 잃기 때문에 마땅히 분명하게 모든 부처님의 위없는 지혜를 믿어야 한다."

제4절 타방 보살의 정토왕생

미륵보살이 부처님께 여쭙기를,

"세존이시여, 이 세계에는 불퇴전의 보살이 몇 분이나 있어 저 세계에 태어나는 것입니까?"

부처님께서 미륵보살에 이르시기를,

"이 세계에 육십칠억의 불퇴전 보살이 있어 저 국토에 왕생할 것이다. 이 보살들은 이미 일찍이 헤아릴 수 없는 모든 부처님을 공양하였나니, 이는 미륵과 같은 이들이다. 또 수행이 적은 보살 및 공덕을 적게 닦은 사람은 다 헤아릴 수 없이 많은데 모두 정토에 왕생할 것이다."

부처님께서 미륵보살에게 말씀하셨다.

"다만 내가 교화하는 이 국토의 모든 보살만이 저 국토에 왕생하는 것이 아니라 타방 불국토에서도 이와 같다. 첫 번째 부처님을 원조라 하는데, 거기에서도 백팔십억 보살들이 모두 마땅히 정토에 왕생할 것이고, 두 번째 부처님을 보장이라 하는데, 거기에서도 구십억 보살들이 모두 마땅히 왕생할 것이며, 세 번째 부처님을 무량음이라 하는데, 거기에서도 이백이십억 보살들이 모두 마땅히 왕생할 것이고, 네 번째 부처님을 감로미라 하는데, 거기에서도 이백오십억 보살들이 모두 마땅히 왕생할 것이다. 다섯 번째 부처님을 용승이라 하는데, 거기에서도 십사억 보살들이 모두 마땅히 왕생할 것이며, 여섯 번째 부처님을 승력이라 하는데, 거기에서도 만 사천 보살들이 모두 마땅히 왕생할 것이고, 일곱 번째 부처님을 사자라 하는데, 거기에서도 오백억 보살들이 모두 마땅히 왕생할 것이며, 여덟 번째 부처님을 이구광이라 하는데, 거기에서도 팔십억 보살들이 마땅히 왕생할 것이다. 아홉 번째 부처님을 덕수라 하는데, 거기에서도 육십억 보살이 모두 마땅히 왕생할 것이며. 열 번째 부처님을 묘덕산이라 하는데, 거기에서도 육십억 보살이 모두 마땅히 왕생할 것이고, 열한 번째 부처님을 인왕이라 하는데, 거기에서도 십억 보살이 모두 마땅히 왕생할 것이며, 열두 번째 부처님을 무상화라 하는데, 거기에서도 헤아릴 수 없이 많은 보살들이 있어 모두 불퇴전에 있고 지혜가 용맹하며, 이미 일찍이 무량한 모든 부처님께 공양하고, 다른 보살이 백천억겁 동안 닦아서 얻은 견고한 법을 칠 일 동안에 능히 섭취하였느니라. 이러한 보살들이 모두 마땅히 왕생할 것이다. 열세 번째 부

처님을 무외라 하는데, 거기에서도 칠백구십
억 대보살들과 소보살, 비구 등이 헤아릴 수
없이 많이 있어 모두 다 왕생할 것이다."

부처님께서 미륵보살에게 말씀하셨다.

"다만 이 열네 번째 불국토 가운데 모든 보
살들만이 왕생하는 것이 아니라, 시방세계의
무량한 불국토로부터 왕생하는 사람은 이와
같이 헤아릴 수 없이 많다. 내가 다만 시방의
모든 부처님의 명호와 저 국토에 태어난 보
살과 비구들을 말한다면 밤과 낮 일겁 동안
두고도 오히려 다 말할 수 없을 것이다. 나는
이제 너를 위해서 간략히 이것을 설할 뿐이
니라."

제3편 맺는 글

제1절 미륵보살에게 부촉

부처님께서 미륵보살에게 말씀하셨다.

　"저 부처님의 명호를 듣고 크게 기뻐하며 한 번이라도 생각하면 이 사람은 큰 이익을 얻고 곧 위없는 공덕을 구족할 것임을 마땅히 알아라. 이러한 까닭에 미륵이여, 가령 큰 불이 삼천대천세계에 가득하다 할지라도 반드시 이것을 뚫고 지나가 이 경의 법문을 듣고 환희심으로 믿고 지니며 독송하고 가르침과 같이 수행해야 한다. 왜냐하면 많은 보살이 이 경의 법문을 들으려고 하여도 들을 수 없는 존귀한 법이기 때문이니라. 만약 어떤 중생이 있어 이 경의 법문을 듣는 사람은 위없는 진리에서 끝내 물러나지 않을 것이니, 그러므로 마땅히 한결같은 마음으로 삼가 믿고 지니며 외우고, 가르침과 같이 수행하여라."

부처님께서 말씀하셨다.

"내가 이제 모든 중생을 위해 이 경의 법문을 말하고 무량수불 및 그 국토에 있는 모든 것을 보게 하였으니 반드시 실천해야 하며 모두 이것을 구해야 할 것이며, 내가 열반한 후에 다시 의혹을 일으켜서는 안 되느니라.

미래 세상에 경의 진리가 다 멸한다 하더라도 나는 자비로써 불쌍히 여겨 특히 이 경을 백 년 동안 더 머물게 할 것이다. 그래서 중생들 중에서 이 경을 만난 사람은 생각하는 대로 모두 득도할 것이니라."

부처님께서 미륵보살에게 말씀하셨다.

"여래가 세상에 출현하심을 만나기 어렵고 보기 어려우며, 모든 부처님의 경전을 얻기 어렵고 듣기 어려우며, 또 보살의 수승한 법과 모든 바라밀을 듣기 어렵고, 선지식을 만나 법을 듣고 능히 수행하는 것도 역시 어려운 일이다. 더구나 이 경을 듣고 믿어 수지하는 것은 어렵고도 어려운 일로 이보다 더 어려운 일은 없느니라. 그러므로 나는 법을 이와 같이 밝히고, 이와 같이 설하고, 이와 같이 가르쳤나니 마땅히 믿고 의지하여 법과 같이 수행하여라."

제2절 법문을 듣고 기뻐하는 대중

그때 세존께서 이 경의 법문을 설하실 적에 무량한 중생들 모두가 위없는 바른 깨달음의 마음을 내었고, 만 이천 나유타 사람들은 청정한 법안을 얻었으며, 이십이억 모든 천인과 사람들은 아나함과를 얻었고, 팔십만 비구들은 누진통을 얻었으며, 사십억 보살들은 불퇴전을 얻었으니, 큰 서원의 공덕으로써 스스로 장엄하여 다음 세상에는 반드시 정각을 이룰 것이다.

그때 삼천대천세계가 여섯 가지로 진동하고, 큰 광명이 널리 시방세계의 국토를 비추며, 백천 가지 음악이 저절로 연주되고 수많은 아름다운 꽃이 펄펄 날아 내렸다.

부처님께서 법문을 설해 마치시니, 미륵보살과 시방에서 온 모든 보살들과 장로 아난, 여러 대성문, 일체 대중이 부처님의 설법을 듣고 기뻐하지 않는 이가 없었다.

불설관무량수경

제1편 서분

이와 같이 나는 들었다.

제1절 화전서

어느 때 부처님께서는 왕사성 기사굴산에 계셨는데, 천이백오십 인의 비구들과 삼만 이천의 보살들이 자리를 함께하였으며 문수사리법왕자가 수제자가 되었다.

제2절 부왕을 감금한 인연

그때 왕사성에 아사세라고 하는 한 태자가 있었다. 그는 제바달다라는 나쁜 친구의 꼬임에 빠져 부왕인 빈비사라왕을 잡아 일곱 겹으로 된 감옥에 감금하고 신하들에게 명령하여 한 사람도 가지 못하게 했다. 나라의 대

부인인 위제희는 대왕을 공경하여 깨끗이 목
욕하고 꿀에 밀가루와 우유를 반죽하여 몸에
바르고 영락구슬 속에 포도주를 담아 가지고
남몰래 왕에게 올렸다. 그때 대왕은 꿀 반죽
을 먹고 포도주를 마시고 물을 구해 입을 씻
고 나서, 합장하고 공경하는 마음으로 기사
굴산을 향해 멀리 세존께 예배하고 나서 이
렇게 사뢰었다.

"마하 목건련은 저의 친구이옵니다. 원컨
대 자비를 베푸셔서 저에게 팔계를 주게 하
옵소서."

그때 목건련은 매처럼 날아서 재빨리 왕이
있는 곳에 이르러 매일같이 여덟 가지 계를
주었다. 세존께서도 또 부루나존자를 보내서
왕을 위해 설법하게 하였다. 이와 같은 시간
이 삼칠일(21일)이 지났으나, 왕은 꿀 반죽을

먹고 설법을 들은 까닭에 안색이 온화하고 기쁜 얼굴이었다.

제3절 왕비를 감금한 인연

어느 때 아사세는 감옥 문을 지키는 사람에게 물었다.

"부왕은 지금 살아 있느냐?"

문지기가 대답하였다.

"대왕이시여, 나라의 대부인이 몸에 꿀 반죽을 바르고 영락구슬 속에 포도주를 넣어 가지고 와 왕에게 드렸으며, 사문인 목련과 부루나는 공중으로부터 와서 법을 설하시니 도저히 막을 수 없나이다."

이 말을 들은 아사세는 화를 내어 자기 어머니에게,

"나의 어머니는 역적이고 원수와 내통하였으

며, 또 사문은 악인으로 남을 홀리는 술법을 써서 이 나쁜 왕을 오랫동안 죽지 않게 하였다." 라고 하며 곧 칼을 뽑아 어머니를 살해하려 하였다.

그때에 월광이라 하는 한 신하가 있었는데, 총명하고 지혜가 많았다. 이 신하와 기바는 함께 왕에게 예를 올리고 말씀드리기를,

"대왕이시여, 신하인 저희들이 베다 성경의 말씀을 듣건대, 오랜 옛날부터 지금까지 여러 악한 왕들이 왕위를 욕심내어 그 아버지를 살해한 것은 만 팔천 명이나 되오나, 아직 무도하게 어머니를 살해하였다는 것을 듣지 못했습니다. 왕이 이제 어머니를 살해하려 하오니 왕족을 더럽히는 일로서 듣고 참을 수 없나이다. 이것은 천한 백정의 짓이오니, 여기 더 머물러 있을 수 없나이다."

라고 말을 마치고 두 신하는 손으로 칼을 만지면서 몇 걸음 뒤로 물러서니, 그때 아사세는 놀라고 두려워서 기바에게 말하기를,

"그대는 나를 도와주지 않겠는가?"라고 하니 기바가 말씀드렸다.

"대왕이여, 삼가 어머니를 살해하지 마소서."

왕은 이 말을 듣고 참회하고 도움을 구했다. 그리고 칼을 버리고 어머니를 살해하지 않고, 내관에게 명령하여 깊은 방에 감금시켜 나오지 못하게 하였다.

제4절 사바세계의 고통을 싫어하는 인연

그때에 위제희 부인은 감금되어 슬픔과 걱정으로 몸이 수척하였다. 멀리 기사굴산을 향해 부처님께 예배를 올리고 사뢰기를,

"부처님이시여, 지난날 항상 아난존자를 보

내시어 저를 위로하여 주셨습니다. 저는 지금 슬프고 괴로울 뿐만 아니라 거룩하신 부처님마저 뵈올 수가 없나이다. 원하옵건대 목련존자와 아난존자를 보내시어 제가 뵐 수 있도록 하여 주시옵소서."라고 말하고 나서 슬픔이 복받쳐 눈물을 비처럼 흘리면서 멀리 부처님을 향하여 예배를 올렸다. 그때 위제희가 머리를 들기도 전에 세존께서 기사굴산에 계시면서 위제희의 생각하는 마음을 아시고, 마하목건련과 아난에게 명령하여 허공으로 날아가도록 하고, 부처님께서도 기사굴산으로부터 자취를 감추시어 왕궁에 나타나셨다. 그때 위제희는 예배를 드리고 머리를 들자, 석가모니불께서 자금색으로 된 백 가지 보배 연꽃에 계시고, 목련존자는 왼쪽에서, 아난존자는 오른쪽에서 모시고 제석천과 범천, 사대천왕 등 여러 천인들은 허공에서 널리 하늘의 꽃을 뿌리면서 공양 올리며 모셨다.

이때 위제희는 부처님을 뵙자 스스로 영락의 구슬을 끊어 버리고 몸을 땅에 대고 울면서 부처님을 향하여 사뢰기를,

"부처님이시여, 저는 옛날에 무슨 죄가 있어 이렇게 나쁜 자식을 낳게 되었고, 부처님께서는 또 무슨 나쁜 인연이 있으시어 제바달다와 함께 권속이 되셨습니까?"

제5절 정토를 바라는 인연

"원하옵건대 부처님이시여, 저를 위해 널리 근심과 걱정이 없는 곳을 말씀하여 주시옵소서. 저는 마땅히 가서 나겠습니다. 이 염부제와 같은 혼탁하고 악한 세상을 원하지 않사오니, 이 세계는 지옥, 아귀와 축생이 가득

차서 착하지 못한 무리들이 많이 있사옵니다. 원하옵건대 저는 미래에 나쁜 소리를 듣지 않고 악인을 보고 싶지 않사옵니다. 이제 부처님을 향해서 오체를 땅에 대고 참회하옵고 간절히 원하옵니다. 또 원하옵건대 태양과 같은 부처님이시여! 저로 하여금 청정한 업으로 이루어진 곳을 보도록 가르쳐 주시옵소서."

그때 부처님께서는 눈썹 사이에서 광명을 발하셨다. 그 금색의 광명은 널리 시방의 한량없는 세계를 비추고 나서 다시 부처님의 이마에 돌아와 머물러 변해서 황금의 좌대가 되었는데 마치 수미산과 같았다. 시방 여러 부처님의 깨끗하고 묘한 국토가 모두 그 가운데 나타났다. 어떤 국토는 칠보로 이루어져 있고, 어느 국토는 오직 연꽃으로만 되어 있으며, 어느 국토는 타화자재천궁과 같고, 또 어느 국토는 파려의 거울과 같았다. 시방의 국토가 모두 그 가운데 나타나는데 이 수는 헤아릴 수 없는 국토였다. 이 모든 국토를 분명히 바라볼 수 있게 하여 위제희로 하여금 보게 하셨다.

그때 위제희는 부처님께 사뢰어 말하기를,

"부처님이시여, 이러한 모든 불국토는 청정하고 광명이 있지만, 저는 이제 극락세계 아미타불 국토에 태어나기를 원하옵니다. 오직 바라옵건대 부처님이시여, 저에게 사유하는 법과 바른 수행법을 말씀하여 주십시오."

제6절 산선이 왕생의 행업을 나타내는 인연

그때 부처님께서 곧 미소를 지으셨는데, 오색광명이 입으로부터 나와 하나하나의 광명이 빈비사라왕의 이마를 비추었다. 이때 대왕은 비록 갇혀 있는 몸이지만 마음의 눈은 걸림이 없어, 멀리 부처님을 뵙고 예배를 드리고 나니 자연히 미혹이 사라져 다시는 생사의 세계에 돌아오지 않는 아나함과를 이루었다.

그때 부처님께서 위제희에게 이르시기를, "그대는 아는가, 모르는가! 여기서부터 아미타불께서 계신 곳은 멀지 않다. 그대는 마땅히 생각을 모아 밝게 저 국토를 생각하여 관하라. 그리고 깨끗한 업을 지어라. 내가 이제 그대를 위하여 널리 여러 가지 비유를 설해 다음 세상의 모든 범부로 하여금 청정한 업을 닦게 하며, 서방극락국토에 태어날 수 있도록 할 것이다. 저 국토에 태어나고자 하는 사람은 마땅히 세 가지 복을 닦아야 한다.

첫째는 부모에게 효도하고 스승과 어른을 받들어 모시며 자비심으로 살생하지 말고 열 가지 착한 업을 닦으라. 둘째는 삼귀의계를 받아 지니고 여러 가지 계를 지키며 위의를 범하지 말라. 셋째는 보리심을 발해서 깊이 인과를 믿고 대승경전을 독송하며 다른 수행자에게도 전하라. 이와 같은 세 가지 일을 깨끗한 업이라 하느니라."

부처님께서 또 위제희에게 이르시기를,

"그대는 지금 아는가, 모르는가! 이 세 가지 업은 과거, 현재, 미래의 삼세 모든 부처님께서 닦으신 깨끗한 업의 바른 인이 되느니라."

제7절 정선이 왕생하는 관임을 보이는 인연

부처님께서 아난과 위제희에게 말씀하셨다.

"자세히 듣고 이것을 잘 생각하여라. 여래는 이제 미래 세상의 모든 중생이 번뇌로 괴로워하기 때문에 그대들을 위하여 청정한 업을 설하리라. 착하도다, 위제희여. 이 일을 잘 물었다. 아난아, 그대는 마땅히 잘 받아서 널리 많은 중생을 위하여 부처님의 말을 베풀도록 하라. 여래께서 이제 위제희 및 미래 세상의 일체 중생으로 하여금 서방극락세계를 생각하여 관하는 것을 가르쳐 주리라. 부처님의 힘으로 마땅히 저 청정한 국토를 보는 것이, 맑은 거울을 들고 자기 얼굴을 보는 것과 같게 하리라. 저 국토의 아주 미묘하고 즐거운 일을 보고 나면 마음이 환희에 차서 무생법인을 얻게 되리라."

부처님께서 다시 위제희에게 말씀하셨다.

"그대는 이제 범부로서 마음의 생각이 여

리고 얕아 아직 천안통을 얻지 못해 멀리 볼 수가 없다. 모든 부처님께서는 다른 방편이 있어 그대로 하여금 볼 수 있게 하리라."

그때 위제희가 부처님께 사뢰기를,

"세존이시여, 저와 같은 사람은 부처님의 힘에 의하여 저 국토를 볼 수 있사오나, 만약 부처님께서 입멸하신 후 다른 중생들은 혼탁하고 악하며 착하지 못하여 다섯 가지 고통에 시달릴 것이옵니다. 어떻게 해야 그들이 마땅히 아미타불의 극락세계를 볼 수 있겠습니까?"

제2편 본론

제1장 정심에 머물러서 수행하는 관법

제1절 해가 지는 것을 관하는 법

부처님께서 위제희에게 말씀하셨다.

"그대와 중생들은 마땅히 마음을 집중하고 생각을 한곳에 모아서 서방을 생각하여라. 어떻게 생각하는가 하면, 모든 중생이 장님이 아니고 눈이 있는 사람들은 다 해가 지는 것을 볼 것이니, 마땅히 생각을 일으켜서 바로 앉아 서쪽을 향해 자세히 해를 생각하여 관할지니라. 마음을 굳게 하고 머물러 생각을 한곳으로 모아 움직이지 않게 하고 해가 지려고 하는 상태를 북이 매달린 것 같이 보아라. 이미 해를 보고 나서도 눈을 감거나 눈을 뜨거나 다 분명하게 할지니라. 이것이 첫 번째 해를 생각(日想)하는 관이라 한다."

제2절 물을 관하는 법

"다음은 물을 생각할지니라. 물이 맑고 투명함을 보고, 또 그 영상이 남아 흩어지지 않게 하라. 이미 물을 보고 나면 얼음을 생각하고, 얼음이 투명하게 비침을 보고 난 후 유리를 생각하라. 이 생각이 끝나면 유리의 땅이 안과 밖이 투명하여 비치는 것을 볼지니라. 그리고 그 밑에 금강으로 된 칠보의 당번이 있어 유리 땅을 받치고, 그 당번은 여덟 면과 여덟 각으로 원만하게 이루어져 있고 각각의 면은 백 가지 보배로 꾸며져 있으며, 각각의 보배 구슬에는 천 가지 광명이 있고, 하나하나 광명에는 팔만 사천 가지 빛깔이 있어 유리 땅을 비추는 것이 억천의 해와 같아서 다 볼 수가 없다. 유리 땅 위에는 황금의 줄로 가로 세로 사이를 지어 있고, 칠보로 경계를 분명히 나누었느니라. 하나하나 보배 가운데 오백 가지 빛깔의 광명이 있는데, 그 광명의 화려함은 마치 꽃과 같고, 또는 별과 달과 같이 허공에 걸리어 광명의 좌대가 되어 있다. 천만 개의 누각은 백 가지 보석으로 이루어졌으며, 광명대의 양쪽에는 각각 백억 개의 꽃으로 된 당번과 한량없는 악기로 장엄되어 있다. 여덟 가지 시원한 바람이 광명으로부터 나와 그 악기를 울리면 고, 공, 무상, 무아의 소리를 연설하게 하느니라. 이것이 두 번째 물을 생각(水想)하는 관이라 한다."

제3절 보배스런 땅을 관하는 법

"이 생각이 이루어질 때에 하나하나 그것을 관해서 더욱 분명하게 하여 눈을 감거나, 눈을 뜨거나, 흩어지지 않게 하며, 또 잠잘 때 외에는 항상 이 일을 생각하라. 이와 같이 생각하면 대강 극락세계의 땅을 보았다고 할 수 있다. 만약 삼매를 얻으면 저 국토의 땅을 분명히 보는 것이다. 이러한 것을 갖추어 다 설할 수 없느니라. 이것이 세 번째 땅을 생각(地想)하는 관이라 한다."

부처님이 아난존자에게 말씀하시기를,

"그대는 나의 말을 가지고 미래 세상의 모든 중생으로서 고통을 벗어나려고 하는 사람을 위해 이 땅을 관하는 법을 말하여 주어라. 만약 이 땅을 관하는 사람은 80억겁 생사의 죄를 제거할 뿐 아니라 몸을 사바세계에 버리고 반드시 정토에 태어날 것이니, 마음으로 의심하지 말라. 이렇게 관하는 것을 바른 관법이라 하고, 달리 관하는 것을 그릇된 관법이라 한다."

제4절 보배 나무를 관하는 법

부처님께서 아난과 위제희에게 말씀하셨다.

"땅을 관한 다음엔 보배 나무를 관할지니라. 보배 나무를 관할 때는 하나하나를 관하여 칠중항수를 생각할지니라. 하나하나의 나무 높이는 팔천 유순이고, 그 모든 보배 나무에 칠보의 꽃과 잎이 있어 구족되지 않은 것이 없다. 낱낱의 꽃과 잎은 여러 가지 다른 보배의 색으로 되었는데, 유리색 가운데서는 금색 광명이 나며, 파려색에서 붉은 광명이 나고, 마노색 가운데서는 자거의 광명이 나며, 자거색 가운데서는 푸른 진주 광명이 나고, 산호, 호박 등 여러 가지 보배로 꾸며져 있느니라. 묘한 진주 그물은 보배 나무 위에 두루 덮여 있는데, 낱낱의 나무 위에 일곱 겹의 그물이 있고, 하나하나 그물 사이에는 오백억 가지 아름다운 꽃의 궁전이 있는데 마치 범천왕의 궁전과 같다. 여러 하늘 동자들이 자연히 그 가운데 있고, 하나하나의 동자는 오백억 가지 석가비룽가마니 보배로 영락의 구슬을 걸고 있느니라. 그 마니의 광명은 백 유순을 비치는 것이 마치 백억의 해와 달이 합한 것과 같아 모두 다 설할 수 없다. 온갖 보배가 사이사이에 섞이어 색 가운데 으뜸이 된다. 이 보배 나무는 서로 줄지어 있고, 잎과 잎은 서로 이어져 있으며, 잎 사이마다 여러 가지 묘한 꽃이 피어 있고, 꽃에는 자연히 칠보의 열매가 열려 있다. 낱낱의 나무 잎은 가로 세로가 한결같이 이십오 유순이나 되며, 그 잎은 천 가지 색에 백 가지 무늬가 그려져 있어 마치 하늘의 영락과도 같다. 여러 가지 묘한 꽃은 염부단금의 색으로 되어 있어 선화륜처럼 잎 사이를 돌고 있다. 그리고 우뚝 솟아나 있는 모든 열매는 제석천의 보배 병과 같고, 대광명이 변해서 깃발과 보배 일산이 되며, 이 보배 일산 가운데 삼천대천세계의 모든 불사를 비추어 나타내고, 시방의 모든 불국토가 또한 그 가운데 나타난다. 그 나무를 생각하여 관하고 나서는 또 마땅히 차례대로 낱낱이 이를 생각하여 관할지니라. 나무, 줄기, 잎, 꽃, 열매를 보고 관하여 모두 분명하도록 해야 한다. 이것을 나무를 관하는(樹觀) 법이라 하고 네 번째 관이라 한다."

제5절 보배 연못을 관하는 법

"다음에는 보배 연못을 생각하라. 물을 생각한다는 것은 극락국토에 여덟 가지 공덕의 물이 있고, 낱낱 연못의 물은 칠보로 이루어져 있으며, 그 보배 물은 부드럽고 유연하며, 여의주왕으로부터 흘러나왔느니라. 이것이 나뉘어 열네 갈래로 흐르는데, 하나하나 갈래는 칠보의 색으로 된 황금의 개울로 되어 있다. 개울 밑에는 여러 가지 색깔로 된 금강의 모래가 깔리고, 낱낱의 물 가운데에는 육십억 가지 칠보의 연꽃이 있으며, 그 낱낱의 연꽃은 둥글고 탐스러운데 모두 한결같이 십이 유순이나 된다. 그곳 마니의 물은 연꽃 사이로 흐르며 나무를 따라 오르내리고 있는

데, 그 소리는 미묘하여 고, 공, 무상, 무아와 여러 바라밀을 연설하고, 또 모든 부처님의 상호를 찬탄하느니라.

여의주왕으로부터 금색의 미묘한 광명이 솟아나오고, 그 광명이 변하여 백 가지 보배 색으로 된 새가 되어 평화롭고 그윽하게 노래하는데, 항상 불·법·승 삼보를 생각하는 공덕을 찬탄하느니라. 이것을 팔공덕수를 생각하는 관법이라 하며 다섯 번째 관이라 한다."

제6절 보배 누각을 관하는 법

"여러 보배의 국토에 있는 하나하나의 경계 위에 오백억 개의 보배 누각이 있고, 그 누각 가운데에 무량한 천인들이 천상의 음악을 연주하고 있다. 그 악기들은 허공에 매달려 있는 것이 천국의 보배 당번처럼 두드리지 않아도 저절로 울리는데, 그 여러 가지 소리는 부처님을 생각하고 법을 생각하며 비구승들을 생각할 것을 설하고 있느니라. 이러한 생각이 이루어지면 대략 극락세계의 보배로운 나무와 땅, 그리고 연못을 보았다고 한다. 이것을 모든 것을 관(總觀)하는 법이라 하고 여섯 번째 관이라 한다. 만약 이것을 보는 사람은 무량억겁 동안 지은 아주 무거운 나쁜 업을 제거하고, 목숨을 마친 후에는 반드시 저 국토에 왕생하리라. 이를 생각하여 관하는 것을 바른 관법이라 하고 달리 생각하여 관하는 것을 그릇된 관법이라 한다."

제7절 연화대를 관하는 법

부처님께서 아난과 위제희에게 말씀하셨다.

"자세히 듣고 자세히 들어 이것을 잘 생각

하여라. 나는 마땅히 그대들을 위하여 고뇌를 제거하는 법을 분별하여 설명할 것이니, 그대들은 잘 기억하여 널리 여러 중생들을 위해 분별하여 설명해 주어라."

이 말씀을 하실 때에 무량수불은 공중에 머물러 계시고 관세음보살과 대세지보살 두 보살은 좌우에서 모시고 있었다. 그 광명은 눈부시게 빛나 바로 바라볼 수 없었으며, 백천 가지 염부단금의 빛깔로 되어 비교할 수가 없었다. 그때 위제희는 무량수불을 뵙고 그 발아래 예배드리고 나서 부처님께 사뢰었다.

"부처님이시여, 제가 이제 부처님의 힘에 의해 무량수불 및 두 보살을 뵈올 수 있습니다만, 미래의 중생은 참으로 어떻게 하여야 무량수불 및 두 보살을 뵈올 수가 있겠사옵니까?"

부처님께서 위제희에게 말씀하셨다.

"저 부처님을 뵙고자 하는 사람은 마땅히 생각을 일으켜 칠보의 땅 위에 연꽃을 관할지니라. 그 연꽃 하나하나의 잎에는 백 가지 보배의 색이 있고, 팔만 사천 가지 줄기가 있음이 마치 천상의 그림과 같으며, 줄기에는 팔만 사천 가지 광명이 있는 것을 분명하게 보도록 해라. 꽃잎이 작은 것도 가로 세로 이백오십 유순이나 되는데 이와 같은 연꽃에 팔만 사천 개의 잎이 있고, 낱낱의 잎 사이에는 각각 백억 개의 마니주왕으로 장식되어 있다. 하나하나의 마니로부터 천 가지 광명이 발하여 그 광명이 일산과 같으며 칠보로 이루어져 두루 땅 위를 덮고 있느니라. 석가비릉가의 보배로 연화대가 되어 있고, 연화대는 팔만의 금강석과 견숙가보와 범마니

보와 묘진주의 그물로 장엄되어 있으며, 그 연화대 위에는 자연히 네 개의 보당이 있고, 하나하나의 보당은 백천만 개의 수미산과 같으며, 그 보당 위의 보배 휘장은 야마천의 궁중과 같은데 오백억 개의 미묘한 보배 구슬로 장식되어 있다. 낱낱의 보배 구슬에는 팔만 사천 가지 광명이 있고, 낱낱의 광명에는 팔만 사천 가지 색다른 금색을 지니고 있으며, 하나하나의 금색은 그 보배 땅 위에 두루 하여 곳곳마다 변화하여 가지가지 다른 모습을 이루었는데 혹은 금강대가 되고, 혹은 진주 그물이 되며, 혹은 여러 가지 꽃구름이 되기도 하며, 모든 방면(十方面)에서 뜻에 따라 변하여 나타나 불사를 이루고 있느니라. 이것이 연화대를 생각하는 관법으로 일곱 번째 관이라 한다."

부처님께서 아난존자에게 말씀하셨다.

"이와 같은 묘한 꽃은 본래 법장비구의 원력으로 이루어진 것이다. 그러니 저 부처님을 생각하고자 하면 저 연화대를 생각할지니라. 이 생각을 할 때는 다른 번잡한 관을 하지 말고 하나하나의 잎, 하나하나의 구슬, 하나하나의 광명, 하나하나의 연화대, 하나하나의 당을 관하되 분명하게 하여 거울 속에 자기 얼굴을 보는 것처럼 하라. 이 생각을 이루는 사람은 오만 겁 생사의 죄를 제거하여 반드시 극락세계에 태어날 것이니라. 이렇게 생각하여 관하는 것을 바른 관법이라 하고 달리 생각하여 관하는 것을 그릇된 관법이라 한다."

제8절 불상을 관하는 법

부처님께서 아난존자와 위제희에게 말씀하
셨다.

"이 일을 다 보았으면 다음은 부처님을 생
각할지니라. 어찌 그런가 하면, 모든 부처님
은 법계신이시고, 일체 중생의 마음 가운데
들어 계시기 때문에 그대들이 마음으로 부처
님을 생각할 때 그 마음이 곧 32상과 80수형
호이며, 이 마음으로 부처를 이루고 이 마음
이 곧 부처이니라. 모든 부처님의 정변지해
는 마음으로부터 생기는 것이므로 마땅히 일
심으로 생각을 집중시켜 자세히 저 부처님의
다타아가도 아라하 삼먁삼불다(여래·응공·
정변지)를 관할지니라. 저 부처님을 생각하
는 사람은 먼저 반드시 부처님의 형상을 생
각하여 눈을 감거나 눈을 뜨거나 하나의 보

배스런 부처님 모습이 염부단금 색과 같이 하여 저 연화대 위에 앉아 계신 것을 보아라. 이와 같이 부처님의 형상을 보고 나면 마음의 눈이 열려서 저 극락세계에 있는 칠보로 장엄된 보배 땅과 보배 연못, 보배 나무가 줄지어 있고, 천상의 보배 휘장이 그 위에 가득 드리워져 있으며, 또 여러 가지 보배 그물이 허공 가운데 가득한 것을 분명히 보게 될 것이다.

이와 같은 일을 분명하게 보는 것이 손바닥을 보는 것과 같이 하라. 이 일을 다 보고 나면 다시 하나의 큰 연꽃을 생각하여 부처님의 왼쪽에 있는 것을 생각하여라. 그것은 앞에서 말한 연꽃과 다르지 않다. 그리고 또 한 송이 커다란 연꽃이 부처님의 오른쪽에 있게 생각하여라. 한 분의 관세음보살의 형상이 왼쪽 연화대에 앉아 계신 것을 생각하여 그 형상에서 금색 광명을 발함이 부처님과 다름이 없이 하고, 또 한 분의 대세지보살의 형상이 오른쪽 연화대에 앉아 계시는 것을 생각하여 그 생각이 이루어질 때 부처님과 보살의 형상은 모두 광명을 발하는데, 그 광명이 금색으로 모든 보배 나무를 비추고, 하나하나의 나무 밑에는 세 송이의 연꽃이 있으며, 모든 연꽃 위에는 각각 한 부처님, 두 보살의 형상이 있어 저 국토에 두루 가득 찬다.

이와 같은 생각이 이루어질 때 수행자는 흐르는 물과 광명과 모든 보배 나무, 기러기와 원앙새 등이 미묘한 법을 설하는 것을 들을 것이다. 선정에서 나올 때나 선정에 들었을 때나 항상 미묘한 법을 들을 것이니, 수행자는 들은 바를 선정에서 나왔을 때 잘 기억하여 잊어버리지 말고 경전과 맞추어 보아라. 만약 경전과 맞지 않을 때는 이를 망상이라 하고, 대략 맞으면 극락세계를 보았다고 할 수 있다.

이것이 불상을 생각하는 관법으로 여덟 번째 관이라 한다. 이 관을 하는 사람은 무량억겁 생사의 죄를 제거하고 현재 몸 가운데 염불삼매를 얻을 것이다."

제9절 부처님의 진실한 몸을 관하는 법

부처님께서 아난과 위제희에게 말씀하셨다.

"이러한 생각이 이루어지고 나면 이어서 다음에는 무량수불의 몸의 상호와 광명을 관하라. 아난아, 마땅히 알아라. 무량수불의 몸은 백천만억 야마천의 염부단금 색과 같고,

부처님 몸의 높이는 육십만억 나유타 항하사 유순이고, 양 눈썹 사이의 백호는 오른쪽으로 돌아 있는데 다섯 수미산과 같으며, 부처님 눈은 사대해의 물과 같이 푸르고 흰 것이 분명하다. 몸의 모든 털구멍으로부터 광명이 발하는 것이 수미산과 같고, 저 부처님의 둥근 광명은 백억 삼천대천세계와 같으며, 둥근 광명 가운데 백억 나유타 항하의 모래와 같이 많은 화신불이 계시고, 하나하나의 화신불에 또 여러 무수한 화신보살이 시자로 있다. 무량수불에게는 팔만 사천 상호가 있고, 낱낱의 상호에 각 팔만 사천 가지 수형호가 있고, 낱낱의 수형호에는 팔만 사천 가지 광명이 있는데 하나하나의 광명이 두루 시방세계를 비추어 염불하는 중생을 섭취하여 버리시지 않느니라. 이 광명과 상호와 화신불은 이루 다 말할 수 없는 것이니, 다만 깊이 생각하여 마음의 눈으로 보도록 하라.

이것을 본 사람은 시방의 모든 부처님을 뵙는 것이며, 모든 부처님을 뵙기 때문에 염불삼매라 한다. 이렇게 생각하여 관하는 것을 모든 부처님의 몸을 관한다고 하고, 부처님 몸을 뵙는 까닭에 부처님 마음을 보는 것이다. 이 부처님 마음이란 대자비이기 때문에 무연의 자비로써 모든 중생을 구제하신다. 이와 같이 관하는 사람은 몸을 다른 세계(사바세계)에 버리고 여러 부처님 앞에 태어나 무생법인을 증득한다. 이러한 까닭에 지혜가 있는 사람은 마음을 집중하여 자세히 무량수불을 생각하여 관하라. 무량수불을 관할 수 있는 사람은 한 가지 상호씩 관해 가야 하는데, 제일 먼저 눈썹 사이의 백호를 관하되 지극히 명료하게 하라. 눈썹 사이의 백호를 뵌 사람은 팔만 사천 가지 상호가 저절로 나타날 것이다. 또 무량수불을 뵌 사람은 시방의 한량없는 부처님을 뵐 것이며, 한량없는 부처님을 뵙는 까닭에 모든 부처님 앞에서 수기를 받게 된다. 이러한 것을 널리 모든 색신을 관한다 하고 아홉 번째 관이라 한다. 이렇게 생각하여 관하는 것을 바른 관법이라 하고, 달리 생각하여 관하는 것을 그릇된 관법이라 한다."

제10절 관세음보살을 관하는 법

부처님께서 아난과 위제희에게 말씀하셨다.

"무량수불을 분명히 뵙고 나서는 이어서 또 관세음보살을 관하라. 이 보살의 신장은 팔십만억 나유타 유순이고, 몸은 자금색으로 머리에 육계가 있으며 머리에는 둥근 광명이 있는데 지름이 백천 유순이고, 그 둥근 광명 가운데 오백 분의 화신불이 계시는 것이 석가모니불과 같다. 한 분 한 분의 화신불에 오백 분의 화신보살이 계시며, 또 헤아릴 수 없는 모든 천인들이 모시고 있다. 온몸에서 나온 광명 가운데는 오도 중생의 모든 현상이 그 가운데 나타난다. 머리 위에는 비릉 가마니 보배로 된 천관이 있고, 그 천관 속에 한 분의 화신불이 계시는데 높이가 이십오 유순이다. 관세음보살의 얼굴은 염부단금의 빛깔과 같고, 눈썹 사이의 백호상에는 칠보로 된 색을 갖추어 팔만 사천 가지 광명을 발하느니라. 하나하나의 광명에 무량무수 백천의 화신불이 계시고, 낱낱의 화신불은 무수한 화신보살이 모시고 있다. 이와 같이 변하여 나타냄이 자재하여 시방세계에 가득 차 있는데, 비유하면 붉은 연꽃 색과 같이 팔십 억 가지 광명으로 된 영락을 하고 있고, 그 영 락 가운데 널리 모든 장엄을 나타낸다. 손바 닥에는 오백억이나 되는 여러 가지 연꽃 빛을 띠고, 그 열 손가락 끝마다 팔만 사천 가지 그 림이 있는데 마치 인문과 같다. 하나하나의 그림에는 팔만 사천 가지 빛깔이 있고, 하나 하나의 빛깔에는 팔만 사천 가지 광명이 있는 데, 그 광명은 유연하여 널리 모든 것을 비추 고, 이 보배 손으로 중생들을 인도하신다.

발을 들 때에는 발밑에 천폭륜의 모습이 있어 자연히 변화하여 오백억 개의 광명대가 되고, 발을 내릴 때에는 금강마니 꽃으로 모 든 곳에 두루 흩어져 가득히 차고, 그 나머지 다른 몸의 모습은 여러 가지 상호로 구족하여 부처님과 같아 다름이 없다. 단 머리 위의 육계와 무견정상만이 세존께 미치지 못한다. 이것을 관세음보살의 진실한 색신을 관한다 하고 열 번째 관이라 한다."

부처님께서 아난에게 이르시기를,

"만약 관세음보살을 생각하여 관하고자 하는 사람이 있다면 마땅히 이 관을 하여야 한다. 이 관을 하는 사람은 모든 재앙을 만나지 않고, 업장이 깨끗이 제거되며, 무수한 겁 동안에 지은 생사의 죄를 없애느니라. 이와 같이 이 보살의 이름을 듣는 것만으로 무량한 복을 얻는데 하물며 자세히 관함이랴. 만약 관세음보살을 관하고자 하는 사람이 있으면 먼저 머리 위의 육계상을 관하고 이어 천관을 관하라. 그 나머지 여러 상을 차례로 관하여 분명한 것이 손바닥을 보는 것 같이 할지니

라. 이렇게 관하는 것을 바른 관법이라 하고, 달리 관하는 것을 그릇된 관법이라 한다."

제11절 대세지보살을 관하는 법

"다음에는 대세지보살을 관하라. 이 보살의 몸의 크기는 관세음보살과 같으나 둥근 광명의 직경은 각각 백이십오 유순으로 이백오십 유순을 비춘다. 온몸의 광명은 시방 국토를 자금색으로 비추어 인연 있는 중생은 다 볼수 있다. 이 보살 몸에 있는 하나의 털구멍에서 나온 광명을 보면 곧 시방에 계신 한량없는 모든 부처님의 깨끗하고 묘한 광명을 볼수 있다. 그러므로 이 보살을 무변광이라 이름하며, 또 지혜의 광명으로 널리 모든 것을 비추어 지옥·아귀·축생의 길을 여의게 하는 위없는 힘을 얻기 때문에 이 보살을 대세지라 한다. 이 보살의 천관에 오백 가지 보배 꽃이 있고, 하나하나 보배 꽃에는 보배 받침이 있으며, 하나하나 받침 가운데에는 시방 모든 부처님의 깨끗하고 미묘한 국토의 광대한 모양이 그 가운데 나타나느니라. 머리 위의 육계는 발두마 꽃과 같으며, 그 육계 위에 하나의 보배 병이 있어 온갖 광명이 가득하여 두루 불사를 나타내고 있다. 이밖에 몸의 여러 상은 관세음보살과 같고 평등하여 다름이 없다.

이 보살이 다닐 때는 시방세계가 모두 진동하고, 땅이 움직이는 곳에는 오백억 가지 보배 꽃이 있고, 하나하나 보배 꽃의 장엄과 고상함이 극락세계와 같다. 이 보살이 앉을 때에는 칠보로 된 국토가 일시에 진동하는데 하방의 금강불 국토로부터 상방의 광명왕불

국토에 이르기까지, 그 중간에는 무량무수한 아미타불의 분신과 관세음, 대세지보살의 분신들이 다 구름과 같이 극락국토에 모여 공중 가득히 연화대에 앉아 미묘한 법을 연설하여 고해의 중생을 제도하신다. 이렇게 하는 관을 바른 관법이라 하고, 달리 관하는 것을 그릇된 관법이라 한다. 대세지보살을 보는 것을 대세지의 색신을 관하는 것이라 하고 열한 번째 관이라 한다. 이 보살을 관하는 사람은 무량아승지겁의 생사 죄를 제거하고, 이 관을 하는 사람은 태중에 들지 않고 항상 모든 부처님의 깨끗하고 묘한 국토에 노닐게 되는 것이니, 이 관이 이루어지면 관세음과 대세지를 관했다고 할 수 있다."

제12절 자기 왕생을 관하는 법

"이것을 관할 때는 마땅히 자기 마음을 일으켜서 자기가 서방극락세계에 태어나서 연꽃 가운데에 결가부좌를 하는데 연꽃이 오므라들어 합하는 생각을 하고, 또 연꽃이 피는 생각을 하라. 연꽃이 필 때에 오백 가지 광명이 나와 자기 몸을 비춘다고 생각하고, 또 자기 마음의 눈이 열린다고 생각하라. 이렇게 하여 모든 부처님과 보살이 허공에 가득하심을 보고, 물과 새와 나무와 모든 부처님의 음성이 모두 미묘하고 심오한 법을 설하는데 십이부경과 꼭 맞는 것을 생각하고, 선정에서 나올 때에 잘 기억하여 잊지 말도록 하라. 이 관법이 된다면 무량수불의 극락세계를 볼 수 있다고 하느니라. 이것을 두루 관하는 것이라 하고 열두 번째 관이라 한다. 무량수불의 무수한 화신과 관세음, 대세지가 함께 항상 이 수행인의 처소에 오시느니라."

제13절 섞어 생각하여 관하는 법

부처님께서 아난과 위제희에게 말씀하셨다.

"만약 지극한 마음으로 서방에 태어나고자 하면 먼저 마땅히 여섯 길 되는 불상 한 분이 연못 위에 계신 것을 관하라. 앞에서 말한 바와 같이 무량수불의 몸은 끝이 없어 범부의 마음으로 미칠 바가 못 되지만 저 부처님께서 세운 전세의 원력에 의해 생각하는 사람은 반드시 성취할 수 있다. 단지 불상만을 생각하는 것으로 무량한 복을 얻는데 하물며 부처님이 구족하신 몸의 상호를 관함이랴. 아미타불께서는 신통력과 지혜로써 시방 국토에 나타내시는 것을 자유자재로 하시며 혹은 큰 몸을 나타내시어 허공 가운데 가득 차기도 하고, 혹은 작은 몸을 나타내시어 여섯 길 여덟 자가 되기도 하는데 나타내시는 형상은 모두 진금색이고, 둥근 광명 속의 화신불 및 보배 연꽃은 위에서 설한 바와 같다. 관세음보살 및 대세지보살은 어느 곳에서나 몸은 똑같은데 중생이 단지 머리 모습만 보고도 이 분은 관세음보살, 이 분은 대세지보살임을 아느니라. 이 두 보살은 아미타불을 도와서 두루 모든 사람을 교화하신다. 이것을 섞어 생각하는 관이라 하고 열세 번째 관이라 한다."

제2장 산심으로 수행하는 선근

제1절 대승의 범부왕생

부처님께서 아난과 위제희에게 말씀하셨다.

"상품상생이란, 중생이 저 국토에 태어나고자 원하면 세 가지 마음을 일으켜야 하는데, 그러면 곧 왕생할 것이다. 무엇을 세 가지라 하는가 하면 첫째는 지성심, 둘째는 심심, 셋째는 회향발원심이다. 이 세 가지 마음을 구족한 사람은 반드시 저 국토에 태어나게 된다. 또 세 종류의 중생이 있어 마땅히 왕생할 수 있는데, 무엇이 셋인가 하면 첫째는 사랑하는 마음으로 살생하지 않고 모든 계를 지키는 것이고, 둘째는 대승방등경전을 독송하는 것이며, 셋째는 육념을 수행해서 이것을 회향 발원하여 저 국토에 태어나고자 원하는 것이다. 이 공덕을 갖추어서 하루 내지 칠 일 동안 하면 곧 왕생할 수 있고, 저 국토에 태어날 때에 이들은 용맹하게 정진하였기 때문에 아미타불, 관세음, 대세지 등 무수한 화신불과 백천의 비구, 성문 대중과 무수한 천인들이 함께하며, 관세음보살은 금강대를 가지고 대세지보살과 함께 수행자 앞에 이르며, 아미타불께서는 대광명을 발하여 수행자의 몸을 비추고 모든 보살과 더불어 손을 내미시어 영접하신다. 그때 관세음, 대세지 등 무수한 보살은 다함께 수행자를 찬탄하고 그 마음을 격려하느니라. 수행자는 이를 보고 나서 뛸 듯이 기뻐하며 스스로 자기 몸을 돌아보면 금강대에 앉아 부처님의 뒤를 따라서 손가락을 한 번 튕기는 사이에 저 국토에 왕생한다. 극락세계에 태어나서 부처님

의 몸에 여러 가지 상호가 구족한 것을 뵐 수
있고, 또 여러 보살들의 몸도 상호가 구족한
것을 볼 수 있으며, 광명과 보배 나무에서 미
묘한 법을 연설하는 것을 듣고 나서 곧 무생
법인을 깨닫게 되느니라. 잠깐 사이에 두루
시방세계를 다니면서 모든 부처님을 섬기고,
모든 부처님 앞에서 수기를 받고 본국에 돌
아와서 무량한 백천 다라니를 얻는다. 이것
을 상품상생이라 한다.

　상품중생이란 반드시 방등경전을 받아 지
니고 독송하지 않더라도 선의 뜻을 알고 제
일 심오한 진리에도 마음이 놀라거나 두려
워하지 않고, 깊이 인과의 도리를 믿어 대승
을 비방하지 않는 공덕을 회향하여 극락국토
에 태어나고자 원한 사람을 말한다. 이 수행
을 한 사람은 목숨을 마치려 할 때 아미타불

께서 관세음, 대세지 등 무량한 대중 권속들에게 둘러싸여 자금대를 가지고 수행자 앞에 와서 찬탄해 말씀하시기를 '진리의 아들아, 그대는 대승법을 행하고 제일 깊은 진리를 아는 까닭에 내가 이제 그대를 영접하노라'고 하시고 천 분의 화신불과 함께 일시에 손을 내미신다. 수행자가 스스로를 돌아보면 자금대에 앉아 있으며, 합장하여 모든 부처님을 찬탄하고 한 생각 사이에 저 국토의 칠보 연못 가운데 태어난다. 이 자금대는 큰 보배 꽃과 같고 하룻밤을 지나면 곧 피는데 수행자의 몸은 자마금색으로 빛나고 있고, 발밑에는 또 칠보의 연꽃이 있으며, 부처님과 보살들은 광명을 발하여 수행자의 몸을 비추면 바로 눈이 밝게 열린다. 전세의 숙업에 의해서 두루 여러 소리를 듣고는, 그 소리가 심오하고 깊은 제일의 진리임을 아느니라. 수행자는 곧 금강대에서 내려와 부처님께 합장하여 예배하고 세존을 찬탄한다. 칠 일이 지나면 아뇩다라삼먁삼보리에 있어 불퇴전의 지위를 얻느니라. 그때에 곧 두루 시방의 모든 부처님 처소에 날아가서 섬기며 모든 삼매를 닦다가 한 소겁을 지나 무생법인을 얻고 현전에서 수기를 받는다. 이것을 상품중생이라 한다.

상품하생이란 역시 인과를 믿고 대승을 비방하지 않으며, 다만 위없는 도심을 일으키고 이러한 공덕을 회향하여 극락국토에 태어나고자 원하는 것이다. 이 수행자가 목숨을 마치려 할 때 아미타불께서는 관세음, 대세지 등 모든 권속과 함께 금련화를 가지고 오백의 화신불로 나투시어 그를 영접하신다.

오백 화신불은 일시에 손을 내밀어 칭찬하여 말씀하시기를 '법의 아들아, 그대는 이제 청정하게 위없는 도를 구하는 마음을 내었기에 내가 그대를 맞이하러 왔노라'고 하시느니라. 수행자가 이러한 일을 뵙고 곧 스스로 자기 몸을 보면 황금의 연꽃에 앉아 있는데 앉고 나면 꽃은 오므라들어 세존의 뒤를 따라서 칠보 연못 가운데 왕생하여 하루 낮 하루 밤을 지나면 연꽃은 활짝 피어나고 칠 일 후에 부처님을 뵈올 수 있다. 부처님 몸은 뵈올 수 있지만 여러 상호는 분명하게 뵈올 수 없고, 21일을 지난 후에야 비로소 분명히 뵈올 수 있으며, 여러 가지 소리가 모두 미묘한 법을 설하는 것을 들을 수 있다. 시방의 모든 부처님이 계신 곳을 다니면서 공양하고, 모든 부처님 앞에서 심오한 법을 듣고, 삼소겁을 지나서 백법명문百法明門을 얻고 환희지에 머물게 된다. 이것을 상품하생이라 하며, 이상이 상품들이 왕생하는 생각(上輩生想)이라 하고 열네 번째 관이라 한다."

제2절 소승의 범부왕생

부처님께서 아난과 위제희에게 말씀하셨다.

"중품상생이란 만약 어떤 중생이 오계와 팔계와 모든 계를 받아 지키며 오역죄를 범하지 않고, 아무런 허물이 없는 선근을 회향해서 서방극락세계에 태어나기를 원하는 것이다. 이 사람이 목숨을 마칠 때에 임해 아미타불께서는 모든 비구와 권속들에게 둘러싸여 금색의 광명을 발하여 그 사람의 처소에 오셔서 고, 공, 무상, 무아를 연설하시고, 출가하여 모든 괴로움을 여읜 것을 찬탄하신다. 수행자는 부처님을 뵙고 나서 마음으로 크게 기뻐하면서 스스로 자기 몸을 되돌아보면 이미 연화대에 앉아 있다. 무릎을 꿇고 합장하여 부처님께 예배하고 아직 머리를 들기도 전에 극락세계에 왕생하며, 그때 연꽃이 피는데, 연꽃이 필 때 모든 소리가 사제를 찬탄하는 것을 들을 수 있느니라. 이때에 수행자는 아라한도를 얻고 삼명과 육신통과 팔해탈을 갖추게 되는데, 이것을 중품상생이라 한다.

중품중생이란 만약 어떤 중생이 하루 밤낮 동안 팔계재, 사미계, 구족계를 지켜서 위의에 조금도 부족함이 없는 이러한 공덕을 회향하여 극락세계에 태어나기를 원하는 것이다. 계를 지키는 공덕이 있기 때문에 이와 같은 수행자는 목숨을 마치려 할 때 아미타불께서 많은 권속들을 거느리시고 금색 광명을 발하여 칠보의 연꽃을 가지고 수행자 앞에 오심을 뵈올 수 있다. 그때 수행자는 스스로 공중으로부터 '선남자여, 그대와 같이 착한 사람은 삼세 모든 부처님의 가르침에 순종하고 따랐기에 내가 와서 그대를 맞이하노라'고 칭찬하시는 소리를 듣고, 수행자가 스스로 자기를 되돌아보면 연꽃 위에 앉아 있는데, 연꽃은 곧 오므라들어 서방극락세계 보배 연못 가운데 태어나 칠 일이 지나면 연꽃이 핀다. 그 연꽃이 피면 눈이 열리어 합장하고 세존을 찬탄하며, 법을 듣고 환희하여 수다원과를 얻은 후 반겁이 지나면 아라한과를 이룬다. 이것을 중품중생이라 한다.

중품하생이란 선남자 선여인이 부모님께 효도하고 세상의 어진 일과 자비를 행하는

것이다. 이 사람이 목숨을 마치려 할 때 선
지식이 그를 위해 널리 아미타불 국토의 즐
거운 일을 설하고, 또 법장비구의 사십팔원
에 대한 설법을 듣고 나서 목숨을 마치면, 가
령 힘센 장사가 팔을 한 번 굽혔다 펴는 사이
에 곧 서방극락세계에 태어난다. 태어나서
칠 일이 지나면 관세음보살과 대세지보살을
만나서 법을 듣고 기뻐하며, 한 소겁을 지나
아라한과를 이룬다. 이것을 중품하생이라 하
고, 이상이 중품들이 왕생하는 생각(中輩生
想)이라 하며 열다섯 번째 관이라 한다.”

제3절 악한 인연을 만난 범부왕생

부처님께서 아난과 위제희에게 말씀하셨다.
 “하품상생이란 어떤 중생이 여러 가지 악
업을 짓고 방등경전을 비방하지 않는다 하

더라도 이와 같은 어리석은 사람은 온갖 많은 악을 지으면서도 뉘우칠 줄 모르지만 이 사람이 목숨을 마치려 할 때 선지식이 그를 위하여 대승 십이부경의 제목만을 찬탄하는 이때, 그는 모든 경의 이름을 듣는 공덕으로 천 겁 동안 지은 아주 무거운 악업이 소멸된다. 또 지혜 있는 사람이 가르치기를, 합장하여 나무아미타불의 부처님 명호를 부르게 하여 그 부르는 공덕에 의해 오십억겁 생사의 죄가 제거된다. 그때 저 부처님이 곧 화신불과 화신관세음보살, 화신대세지보살을 그 사람 앞에 가게 하여 칭찬하며 말씀하시기를 '선남자여, 그대는 부처님 명호를 부른 까닭에 여러 가지 죄업이 소멸되어 내가 그대를 맞이하러 왔노라'고 하시느니라. 이 말이 끝나면 수행자는 곧 화신불의 광명이 그 방 안에 가득한 것을 보고 나서 기쁨에 넘쳐 이내 목숨을 마치고, 보배 연꽃을 타고 화신불 뒤를 따라 보배 연못 가운데 태어난 후 49일이 지나면 연꽃이 피는데, 꽃이 필 때에는 대비 관세음보살 및 대세지보살이 대광명을 발하여 그 사람 앞에 머물러 심오한 십이부경전을 설하신다. 이것을 다 듣고 나서 믿고 받들며 위없는 도를 구하는 마음을 내어 십소겁을 지나면 백법명문을 갖추어 초지에 들게 된다. 이것을 하품상생이라 하나니, 부처님의 명호와 법의 이름과 스님 등 삼보의 이름을 듣는 공덕으로 왕생할 수 있느니라."

부처님께서 아난과 위제희에게 말씀하셨다.

"하품중생이란 어떤 중생이 오계, 팔계 및 구족계 등을 범하는 사람이다. 이 어리석은 사람은 승단의 물건을 훔치며, 현재 승려의

물건을 도둑질하고, 부정하게 법을 설하고
도 뉘우치고 부끄러워할 줄 모르며, 모든 악
한 업으로 스스로를 가리고 있느니라. 이와
같은 죄인은 악업으로 인해 지옥에 떨어지나
니. 목숨을 마치려 할 때에 지옥의 맹렬한 불
이 일시에 몰려들게 된다.

선지식이 대자비로 이 사람을 위하여 아미
타불의 열 가지 위신력을 설하고, 저 부처님
의 광명과 신통력을 설하며, 또 계정혜·해
탈·해탈지견 등을 찬탄할 때 이 사람이 듣게
되면 팔십억겁의 생사의 죄가 없어지고 지옥
의 맹렬한 불은 시원한 바람으로 변하여 여
러 가지 하늘의 꽃이 날리게 된다.

꽃 위에 모든 화신부처님, 화신보살이 계
시어 이 사람을 맞이하며, 일념 사이에 바로
왕생하여 칠보 연못 가운데 있는 연꽃 속에

서 육 겁을 지나면 연꽃이 핀다. 꽃이 필 때에 관세음보살, 대세지보살이 청정한 음성으로 저 사람을 편안하게 위로하고, 그를 위하여 대승의 심오한 경전을 설하시면 이 법을 듣고 나서 곧 위없는 도를 구하려는 마음을 내느니라. 이것을 하품중생이라 한다.”

부처님께서 아난과 위제희에게 말씀하셨다. “하품하생이란 어떤 중생이 착하지 못한 업인 오역죄와 열 가지 악과 가지가지 착하지 못한 악업을 지은 사람이다. 이와 같은 어리석은 사람은 악업 때문에 마땅히 악도에 떨어져서 많은 세월을 지나면서 한없는 괴로움을 받을 것이다. 이 어리석은 사람은 목숨을 마칠 때에 선지식이 여러 가지로 편안하게 위로하고 그를 위하여 미묘한 법을 설하여 가르쳐서 부처님을 생각하도록 권함을 받았으나 이 사람은 고통에 시달려 부처님을 생각할 틈이 없다.

그래서 선지식은 다시 말씀하시기를 '그대가 만약 부처님을 생각할 수 없으면 무량수불을 불러라'고 하였다. 이와 같이 지극한 마음으로 소리가 끊어지지 않게 하여 십념을 구족하여 나무아미타불을 부르면 부처님의 명호를 부르는 까닭에 생각 생각 가운데 팔십억겁 생사의 죄가 제거된다. 그리고 목숨을 마칠 때는 태양과 같은 황금의 연꽃이 그 사람 앞에 머물러 있는 것을 보고, 곧 한 생각 사이에 극락세계에 왕생한다. 그 연꽃 속에서 12대겁을 지나서 연꽃이 피는데 관세음보살, 대세지보살이 대자비의 음성으로 그를 위하여 널리 모든 법의 실상과 죄를 없애는 법을 설하는 소리를 듣고 나서 기쁨에 넘쳐 곧 보리심을 내느니라. 이것을 하품하생이라 하며, 위의 삼생을 하품들이 왕생하는 생각(下輩生想)이라 하고 열여섯 번째 관이라 한다."

제3편 이익분

이 말씀을 하실 때에 위제희는 오백 시녀들과 함께 부처님의 설법을 듣고 바로 극락세계의 광대하고 장엄한 모습을 보았다. 그리고 부처님과 두 보살을 뵈옵고 마음에 환희심이 넘쳐 일찍이 없었던 일이라 찬탄하며, 확연히 크게 깨달아서 무생법인을 얻었다. 또 오백 시녀들도 아뇩다라삼먁삼보리의 마음을 내어 저 국토에 태어나고자 원하였다. 세존께서는 "그대들 모두 다 왕생할 것이며, 저 국토에 태어나면 모든 부처님이 앞에 나타나는 삼매를 얻게 될 것이다"라고 수기하셨다. 이때 헤아릴 수 없는 모든 천인들은 위없는 도를 구하는 마음을 내었다.

제4편 맺는 글

그때 아난은 곧 자리에서 일어나 나아가서 부처님께 사뢰기를,

"세존이시여, 이 경을 무엇이라 이름하오며, 법문의 요긴한 뜻을 어떻게 받아 지녀야 하겠습니까?"

부처님께서 아난에게 말씀하시기를,

"이 경을 『극락국토, 무량수불, 관세음보살, 대세지보살을 관하는 경』이라 이름하고, 또 『깨끗하게 업장을 제거하고 모든 부처님 앞에 태어나는 경』이라 이름할지니라. 그대

는 마땅히 받아 지니어 잃어버리지 않도록 노력하라. 이 삼매를 닦는 사람은 현재의 몸으로 무량수불 및 두 보살을 뵈올 수 있으며, 만약 선남자 선여인이 다만 부처님의 명호와 두 보살의 명호를 들어도 헤아릴 수 없는 겁 동안 지은 생사의 죄를 없애는데, 하물며 기억하여 생각하는 것이랴. 염불하는 사람은 마땅히 알라. 이 사람은 사람들 가운데 분다리꽃이니라. 관세음보살과 대세지보살은 그의 좋은 친구가 되며, 마땅히 수도하는 도량에 앉아 모든 부처님의 집에 태어난다"라고 하셨다.

부처님께서 아난에게 거듭 말씀하시기를, "그대는 이 말을 잘 간직하여라. 이 말을 지니는 것은 곧 무량수불의 명호를 간직하는 일이니라"라고 하셨다.

부처님께서 이 말씀을 하실 때 목련존자, 아난존자, 위제희 등은 부처님의 법문을 듣고 모두 크게 기뻐하였다.

제5편 기사굴산에서 다시 설함

그때 세존께서는 발로 허공을 걸으시어 기사굴산으로 돌아오셨다. 그때 아난은 두루 대중을 위하여 위와 같은 일을 설하니, 한량없는 모든 천인과 용과 야차들이 부처님의 법문을 듣고 모두 크게 환희하여 부처님께 예배하고 물러갔다.

불설아미타경

이와 같이 나는 들었다.

어느 때 부처님께서 천이백오십 인이나 되는 많은 비구들과 함께 사위국 기원정사에 계시었다. 그들은 모두 덕이 높은 큰 아라한으로 여러 사람들이 잘 아는 이들이었다. 즉 장로 사리불, 마하목건련, 마하가섭, 마하가전연, 마하구치라, 리바다, 주리반타가, 난다, 아난다, 라후라, 교범바제, 빈두로파라타, 가류타이, 마하겁빈나, 박구라, 아누루타와 같은 큰 제자들이었다. 이 밖에 법의 왕자인 문수사리를 비롯하여 아일다보살, 건타하제보살, 상정진보살 등 큰 보살과 석제환인 등 수많은 천인들도 자리를 함께 하였다.

그때 부처님께서 장로 사리불에게 말씀하셨다.

"여기서부터 서쪽으로 십만 억 불국토를 지나간 곳에 극락이라 하는 세계가 있다. 거기에 아미타불께서 계시어 지금도 법을 설하신다.

사리불이여, 저 세계를 어째서 극락이라 하는 줄 아는가? 거기에 있는 중생들은 아무런 괴로움이 없이 즐거운 일만 있으므로 극락이라 하는 것이다.

그리고 사리불이여, 극락세계에는 일곱 겹으로 된 난간과 일곱 겹의 나망과 일곱 겹의 가로수가 있는데, 금·은·청옥·수정의 네 가지 보석으로 눈부시게 둘러 장식되어 있으므로 저 국토를 극락이라 한다.

또 사리불이여, 극락국토에는 또 칠보로

된 연못이 있고, 그 연못에는 여덟 가지 공덕이 있는 물로 가득 찼으며, 연못 바닥은 순수한 금모래가 땅에 깔려 있다. 연못 둘레에는 금·은·청옥·수정의 네 가지 보석으로 된 네 개의 층계가 있고, 그 위에는 누각이 있는데 금·은·청옥·수정·진주·마노·호박으로 찬란하게 꾸며져 있다. 그리고 연못 속에는 수레바퀴만 한 연꽃이 피어 푸른 꽃에서는 푸른 광채가 나고, 누런 꽃에서는 누런 광채가 나며, 붉은 꽃에서는 붉은 광채가 나고, 흰 꽃에서는 흰 광채가 나는데 참으로 아름답고 향기롭고 정결하다. 사리불이여, 극락세계는 이와 같은 공덕장엄으로 이루어져 있느니라.

또 사리불이여, 저 국토에는 항상 천상의 음악이 연주되고, 대지는 황금색으로 빛나고 있다. 그리고 밤낮으로 천상의 만다라 꽃비

가 내린다. 그 불국토의 중생들은 이른 아침
마다 바구니에 여러 가지 아름다운 꽃을 담
아 가지고 다른 세계로 다니면서 십만 억 부
처님께 공양하고, 조반 전에 돌아와 식사를
마치고 산책한다. 사리불이여, 극락세계는
이와 같은 공덕장엄으로 이루어져 있느니라.
　또 사리불이여, 그 불국토에는 아름답고
기묘한 여러 빛깔을 가진 백학·공작·앵무
새·사리새·가룽빈가·공명조 등이 밤낮을
가리지 않고 항상 화평하고 맑은 소리로 노
래한다. 그들이 노래하면 오근과 오력과 칠
보리분과 팔정도분을 설하는 소리가 흘러나
온다. 그 나라의 중생들이 그 소리를 들으면
부처님을 생각하고, 법문을 생각하며, 스님
들을 생각하게 된다. 사리불이여, 그대는 이
새들이 죄업으로 생긴 것이라고 생각하지 말

라. 왜냐하면 그 불국토에는 지옥·아귀·축생 등 삼악도가 없기 때문이다. 거기에는 삼악도라는 이름도 없는데, 어떻게 실지로 그런 것이 있겠는가!

이와 같은 새들은 법문을 설하기 위해 모두 아미타불께서 화현으로 만든 것이다. 그 불국토에 미풍이 불면 보석으로 장식된 가로수와 나망에서 아름다운 소리가 나는데, 그것은 마치 백천 가지 악기가 합주하는 듯하다. 이 소리를 듣는 사람은 부처님을 생각하고 법문을 생각하며 스님들을 생각할 마음이 저절로 우러난다. 사리불이여, 극락세계는 이와 같은 공덕장엄으로 이루어져 있느니라.

사리불이여, 그 부처님을 어째서 아미타불이라 하는 줄 아는가? 그 부처님의 광명이 한량없어 시방세계를 두루 비추어도 조금도 걸

림이 없기 때문에 아미타불이라 한다. 사리
불이여, 또 그 부처님의 수명과 그 나라 인민
의 수명이 한량없고 끝이 없는 아승지겁이므
로 아미타불이라 한다. 아미타불께서 부처가
된 지는 열 겁이 지났느니라.

　또 사리불이여, 저 부처님께는 헤아릴 수
없이 많은 성문 제자들이 있는데 모두 아라
한들이다. 이들은 어떠한 산수로도 그 수효
를 헤아릴 수 없고, 보살 대중의 수도 또한
그렇다. 사리불이여, 극락세계는 이와 같은
공덕장엄으로 이루어져 있느니라.

　또 사리불이여, 극락세계에 태어나는 중생
들은 다 보리심에서 물러나지 않는 이들이
며, 그 가운데는 일생보처에 오른 이들이 수
없이 많아 숫자와 비유로도 헤아릴 수 없고,
오직 무량무변 아승지로 표현할 수밖에 없느

니라.

사리불이여, 이 말을 들은 중생들은 마땅히 서원을 세워 저 세계에 가서 나기를 원해야 할 것이다. 왜냐하면, 거기 가면 그와 같이 으뜸가는 사람들과 함께 모여 살 수 있기 때문이다. 사리불이여, 조그마한 선근이나 복덕의 인연으로는 저 세계에 가서 날 수 없느니라. 선남자 선여인이 아미타불에 대한 이야기를 듣고 하루나 이틀, 혹은 사흘·나흘·닷새·엿새·이레 동안 한결같은 마음으로 아미타불의 이름을 외우되 조금도 마음이 흐트러지지 않으면 그가 임종할 때에 아미타불께서 여러 거룩한 분들과 함께 그 사람 앞에 나타날 것이다. 그가 목숨을 마칠 때에 생각이 뒤바뀌지 않고 아미타불의 극락세계에 왕생하게 될 것이다.

사리불이여, 나는 이러한 도리를 알고 그와 같은 말을 하나니, 어떤 중생이든지 이 말을 들으면 마땅히 저 국토에 가서 나기를 발원하여라.

사리불이여, 내가 지금 아미타불의 한량없는 공덕을 칭찬하는 것처럼 동방에도 아촉비불, 수미상불, 대수미불, 수미광불, 묘음불 등이 계시느니라. 이러한 항하사수의 모든 부처님들이 각기 그 세계에서 넓고 긴 혀를 내어 삼천대천세계를 덮으시고 진실한 말씀으로 이르시기를, '너희 중생들은 마땅히 불가사의한 공덕을 칭찬하고, 모든 부처님이 한결같이 보호하는 이 경을 믿으라'고 설법하시느니라.

사리불이여, 남방 세계에도 일월등불, 명문광불, 대염견불, 수미등불, 무량정진불 등

이 계시느니라. 이러한 항하사수의 모든 부처님들이 각기 그 세계에서 넓고 긴 혀를 내어 삼천대천세계를 덮으시고 진실한 말씀으로 이르시기를, '너희 중생들은 마땅히 불가사의한 공덕을 칭찬하고, 모든 부처님이 한결같이 보호하는 이 경을 믿으라'고 설법하시느니라.

사리불이여, 서방 세계에도 무량수불, 무량상불, 무량당불, 대광불, 대명불, 보상불, 정광불 등이 계시느니라. 이러한 항하사수의 모든 부처님들이 각기 그 세계에서 넓고 긴 혀를 내어 삼천대천세계를 덮으시고 진실한 말씀으로 이르시기를, '너희 중생들은 마땅히 불가사의한 공덕을 칭찬하고, 모든 부처님이 한결같이 보호하는 이 경을 믿으라'고 설법하시느니라.

사리불이여, 북방 세계에도 염견불, 최승음불, 난저불, 일생불, 망명불 등이 계시느니라. 이러한 항하사수의 모든 부처님들이 각기 그 세계에서 넓고 긴 혀를 내어 삼천대천세계를 덮으시고 진실한 말씀으로 이르시기를, '너희 중생들은 마땅히 불가사의한 공덕을 칭찬하고, 모든 부처님이 한결같이 보호하는 이 경을 믿으라'고 설법하시느니라.

사리불이여, 하방 세계에도 사자불, 명문불, 명광불, 달마불, 법당불, 지법불 등이 계시느니라. 이러한 항하사수의 모든 부처님들이 각기 그 세계에서 넓고 긴 혀를 내어 삼천대천세계를 덮으시고 진실한 말씀으로 이르시기를, '너희 중생들은 마땅히 불가사의한 공덕을 칭찬하고, 모든 부처님이 한결같이 보호하는 이 경을 믿으라'고 설법하시느니라.

사리불이여, 상방 세계에도 범음불, 수왕불, 향상불, 향광불, 대염견불, 잡색보화엄신불, 사라수왕불, 보화덕불, 견일체의불, 여수미산불이 계시느니라. 이러한 항하사수의 모든 부처님들이 각기 그 세계에서 넓고 긴 혀를 내어 삼천대천세계를 덮으시고 진실한 말씀으로 이르시기를, '너희 중생들은 마땅히 불가사의한 공덕을 칭찬하고, 모든 부처님이 한결같이 보호하는 이 경을 믿으라'고 설법하시느니라.

사리불이여, 그대의 생각은 어떠한가? 이 경을 가리켜 어째서 모든 부처님들이 한결같이 보호하는 경이라 하는 줄 아는가? 선남자 선여인들이 이 설법을 듣고 받아 지니거나 부처님의 이름을 들으면 모든 부처님의 보호

를 받아 모두 아뇩다라삼먁삼보리에서 물러
나지 않기 때문이다. 그러므로 그대들은 마
땅히 나의 말과 모든 부처님의 말씀을 잘 믿
으라.

　사리불이여, 어떤 사람이 아미타불의 세계
에 가서 나기를 이미 발원하였거나, 지금 발
원하거나, 혹은 장차 발원한다면 그들은 모
두 아뇩다라삼먁삼보리에서 물러나지 않는
지위를 얻어 그 세계에 벌써 태어났거나, 지
금 태어나거나, 장차 태어날 것이다. 그러므
로 사리불이여, 신심이 있는 선남자 선여인
은 마땅히 극락세계에 가서 나기를 발원해야
할 것이니라.

　사리불이여, 내가 지금 여러 부처님의 불
가사의한 공덕을 칭찬하듯이 저 부처님들도
또한 '석가모니 부처님이 참으로 어렵고 희

유한 일을 하시었다. 시대가 흐리고, 견해가 흐리고, 번뇌가 흐리고, 중생이 흐리고, 생명이 흐린 사바세계의 오탁악세에서 아뇩다라삼먁삼보리를 얻고 중생들을 위해 세상에서 믿기 어려운 법을 설한다'라고 나의 불가사의한 공덕을 칭찬하시느니라.

사리불이여, 내가 이 오탁악세에서 갖은 고행 끝에 아뇩다라삼먁삼보리를 얻고, 모든 세상을 위해 믿기 어려운 법을 설하는 것은 결코 쉬운 일이 아님을 알아라."

부처님께서 이 경을 말씀하시니, 사리불과 비구들과 모든 천인, 아수라들도 부처님의 말씀을 듣고 즐거이 믿어 받아서 예배하고 물러갔다.

예경 禮敬

향로에 향을 사르니
법계에 향기가 진동
부처님 회상에 펴지어
가는 곳마다 상서구름,
저희 뜻 간절하오니
부처님 강림하소서.

지심귀명례 사토묘의처 석가문여래
至心歸命禮　四土妙依處　釋迦文如來

　　　　　복지장엄신 변법계제불
　　　　　福智莊嚴身　徧法界諸佛

지심귀명례　상적광정토　아미타여래
至心歸命禮　常寂光淨土　阿彌陀如來

청정묘법신　변법계제불
清淨妙法身　偏法界諸佛

지심귀명례　실보장엄토　아미타여래
至心歸命禮　實報莊嚴土　阿彌陀如來

미진상호신　변법계제불
微塵相好身　偏法界諸佛

지심귀명례　방편성거토　아미타여래
至心歸命禮　方便聖居土　阿彌陀如來

해탈상엄신　변법계제불
解脫相嚴身　偏法界諸佛

지심귀명례　서방안락토　아미타여래
至心歸命禮　西方安樂土　阿彌陀如來

대승근계신　변법계제불
大乘根界身　偏法界諸佛

지심귀명례　서방안락토　아미타여래
至心歸命禮　西方安樂土　阿彌陀如來

　　　　　　시방화왕신　변법계제불
　　　　　　十方化往身　偏法界諸佛

지심귀명례　서방병차토　제불보살중
至心歸命禮　西方幷此土　諸佛菩薩衆

　　　　　　연설경률론　일체달마야
　　　　　　演說經律論　一切達摩耶

지심귀명례　서방안락토　관세음보살
至心歸命禮　西方安樂土　觀世音菩薩

　　　　　　만억자금신　변법계보살
　　　　　　萬億紫金身　偏法界菩薩

지심귀명례　서방안락토　대세지보살
至心歸命禮　西方安樂土　大勢至菩薩

　　　　　　무변광지신　변법계보살
　　　　　　無邊光智身　偏法界菩薩

지심귀명례 서방안락토 청정대해중
至心歸命禮 西方安樂土 淸淨大海衆

만분이엄신 변법계보살
滿分二嚴身 徧法界菩薩

지심귀명례 대지사리불 아난지법자
至心歸命禮 大智舍利佛 阿難持法者

제대성문중 연각현성승
諸大聲聞衆 緣覺賢聖僧

바라옵나니 서방 정토에 나되 상품 연꽃을
부모로 삼고 부처님 뵙고 무생법인 이루어
불퇴전 보살과 도반되어지이다.

서방원문 西方願文

연지대사(蓮池大師) 지음

극락세계에 계시사 중생을 이끌어 주시는 아미타불께 귀의하옵고 그 세계에 가서 나기를 발원하옵나니, 자비하신 원력으로 굽어 살펴 주옵소서.

저희들이 네 가지 은혜 끼친 이와 삼계 중생을 위해 부처님의 위없는 도를 이루려는 정성으로 아미타불의 거룩하신 명호를 불러 극락세계에 왕생하기를 원하나이다. 업장은 두터운데 복과 지혜 엷사와, 때묻은 마음 물들기 쉽고 깨끗한 공덕 이루기 어려워, 이제 부처님 앞에 지극한 정성으로 예배하고 참회하나이다.

저희들이 아득한 옛적부터 오늘에 이르도록, 몸과 말과 생각으로 한량없이 지은 죄와 무수히 맺은 원결 모두 다 풀어 버리고, 이제 서원을 세워 나쁜 짓 멀리하여 다시 짓지 아니하고 보살도 항상 닦아 물러나지 아니하며, 정각을 이루어서 중생을 제도하려 하옵나이다.

　아미타 부처님이시여, 대자대비하신 원력으로 저를 증명하시고 가엾이 여기사 가피를 내리소서. 삼매에서나 꿈속에서나 거룩한 상호를 뵙게 하시고, 아미타불의 장엄하신 국토에 다니면서 감로로 뿌려 주시고 광명으로 비쳐 주시며 손으로 쓰다듬어 주시고 가사로 덮어 주심 입사와, 업장은 소멸되고 선근은 자라나며 번뇌는 없어지고 무명은 깨어져, 원각의 묘한 마음 뚜렷하게 열리옵고 극락세계가 항상 앞에 나타나게 하옵소서. 그리고 이 목숨 마칠 때에 갈 시간 미리 알아 여러 가지 병고 액난 이 몸에서 사라지고, 탐·진·치 온갖 번뇌 씻은 듯이 없어져 육근이 화락하고 한 생각 분명하여 이 몸을 버리옵기 전에 들듯 하여 지이다.

아미타불께서 관음·세지 두 보살과 성중들을 데리시고 광명 놓아 맞으시며 손 들어 이끄시와, 높고 넓은 누각과 아름다운 깃발과 맑은 향기·천상 음악·거룩한 서방정토 눈앞에 나타나면, 보는 이와 듣는 이들 기쁘고 감격하여 위없는 보리심을 내게 하여 지이다.

그때, 이 내 몸도 금강대에 올라앉아 부처님 뒤를 따라 극락정토 나아가서, 칠보로 된 연못 속에 상품상생 하온 뒤에 불·보살 뵈옵거든, 미묘한 법문 듣고 무생법인 증득하여 부처님 섬기옵고 수기를 친히 받아 삼신(三身)・사지(四智)・오안(五眼)・육통(六通)・백천 다라니와 온갖 공덕을 원만하게 갖추어지이다.

그런 다음 극락세계를 떠나지 아니하고 사바세계에 다시 돌아와 한량없는 분신(分身)으로 시방세계 다니면서, 여러 가지 신통력과 갖가지 방편으로 무량 중생 제도하여, 삼독 번뇌 여의옵고 청정한 본심으로 극락세계 함께 가서 물러나지 않는 자리에 들게 하여지이다.

세계가 끝이 없고 중생이 끝이 없고 번뇌 업장 또한 끝이 없사오니 이 내 서원도 끝이 없나이다.

저희들이 지금 예배하고 발원하여 닦아 지

닌 공덕을 온갖 중생에게 두루 베풀어 네 가지 은혜 골고루 갚사옵고 삼계 중생을 모두 제도하여 다 같이 일체종지를 이루게 하여지이다.

정념게 正念偈

저희들 제자는 미혹한 범부로서 죄업이 지중하여 육도에 윤회하매 그 괴로움은 이루 다 말할 수 없었나이다. 그러나 다행히도 이제 선지식을 만나, 아미타불의 명호와 공덕을 듣고 일심으로 염불하여 왕생하기를 원하옵나니, 바라건대 자비를 드리우사 가엾이 여겨 거두어 주옵소서.

어리석은 저는 부처님 몸의 상호와 광명을 알지 못하오니, 원컨대 나투시어 저로 하여금 친견하게 하옵소서. 그리고 관세음과 대세지 여러 보살들을 뵙게 하시고, 서방정토의 청정한 장엄과 광명과 미묘한 형상들을 역력히 보게 하여 주옵소서.

찬불게讚佛偈

아미타 부처님의 몸은 황금빛
그 몸매와 그 광명 짝할 이 없어
미간 백호 도는 모양 다섯 수미산
맑은 눈 깨끗하기 네 바다 같네.
광명 속 화신불 한량이 없고
화신 보살 대중도 그지 없으사
四十八 큰 원으로 중생 건지니
구품으로 모두 다 저 언덕 가네.
나무 서방극락세계 대자대비아미타불
나무 아미타불(형편에 따라 백, 천, 만번)
나무 관세음보살 (세번)

나무 대세지보살 (세번)

나무 청정대해중보살 (세번)

회향게 回向偈

이 내 몸 임종 때에 장애가 없고

아미타불 왕림하여 나를 맞으며

관세음은 내 머리에 감로를 뿌리고

대세지의 금련대에 발을 얹고서

이 흐린 세상 한 찰나에 떠나고

팔 한번 펼 동안에 정토에 나서

연꽃이 피는 때에 부처님 뵙고

설법하는 음성을 듣자오리라.

법문 듣고 무생법인 증득한 뒤에

극락세계 안 떠나고 사바에 와서

방편을 잘 알아 중생 건지고

걸림없는 지혜로 불사 지으리.

부처님 저의 마음 아시오리니
오는 세상 이 소원 이루어지이다.
시방삼세 일체불
제존보살 마하살
마하반야 바라밀

서주 태원西舟太元

해인사 강원 대교과 및 동국대학교 불교대학을 졸업하고, 일본 교토(京都) 불교(佛教)대학 대학원에서 석사학위와 문학박사를 취득하였다. 해인사에서 득도(은사 李智冠)하였으며, 중앙승가대학교 교수와 총장, 복지법인 승가원 이사장, 불교방송 이사를 역임하였다. 현재는 재단법인 대한불교 조계종 대각회 이사, 보국사 회주, 해인사 염불암 회주로 있다. 저서로『정토삼부경 역해』,『念佛의 源流와 展開史』,『초기불교 교단생활』,『왕생론주 강설』,『정토의 본질과 교학발전』이 있고, 역서로『정토삼부경개설』,『중국정토교리사』,『염불-정토에 왕생하는 길』등이 있으며, 이외 다수의 논문이 있다.

독송용 우리말 정토삼부경

초판 1쇄 발행 2016년 7월 8일 | 초판 2쇄 발행 2021년 1월 20일
서주 태원 역 | 펴낸이 김시열
펴낸곳 도서출판 운주사

　　　(02832) 서울시 성북구 동소문로 67-1 성심빌딩 3층
　　　전화 (02) 926-8361 | 팩스 0505-115-8361
ISBN 978-89-5746-460-1 03220　값 15,000원
http://cafe.daum.net/unjubooks 〈다음카페: 도서출판 운주사〉